つくる楽しみ、装うよろこび

はじめての
ハンドメイドアクセサリー

日本文芸社

はじめに

アクセサリーを身につけると、

気分が明るく、晴れやかになりますよね。

それがお気に入りのときはなおさら！

自分好みのサイズ、色、形に

なかなかめぐりあわないこともあるかもしれません。

そんなときには、手づくりしてみませんか。

本書では、アクセサリーづくりの基本の道具やつくり方を紹介し

どの作品も写真付きの手順を紹介しています。

初心者でもつくりやすいように心がけました。

デイリーやフォーマルにも使えるものを6人の作家がデザイン。

色違い、パーツ違いのアレンジも掲載しています。

デザインの参考にしてみてください。

一緒に楽しいアクセサリーづくりをしてみませんか？

Contents

PART 1 アクセサリーづくりの基本

PART 2 ピアス・イヤリング

PART 3
ネックレス

■色の数字はHow to makeのページ番号です

PART 4
ブレスレット

PART 5
リング

PART 6
ヘアアクセサリー

PART 7
ブローチ・チャーム

■色の数字はHow to makeのページ番号です

この本の使い方

■ no.と作品名

「no.」は、作品の通し番号です。作品名は、それぞれ紹介しています。

■ 作品写真ページ

作品写真を掲載しているページを紹介しています。

■ 材料一覧

丸カン（0.6×3mm/ゴールド）2個

材料名　サイズ　色　個数

ビジュー（スワロフスキー）は、型番（#0000）を入れてあります。

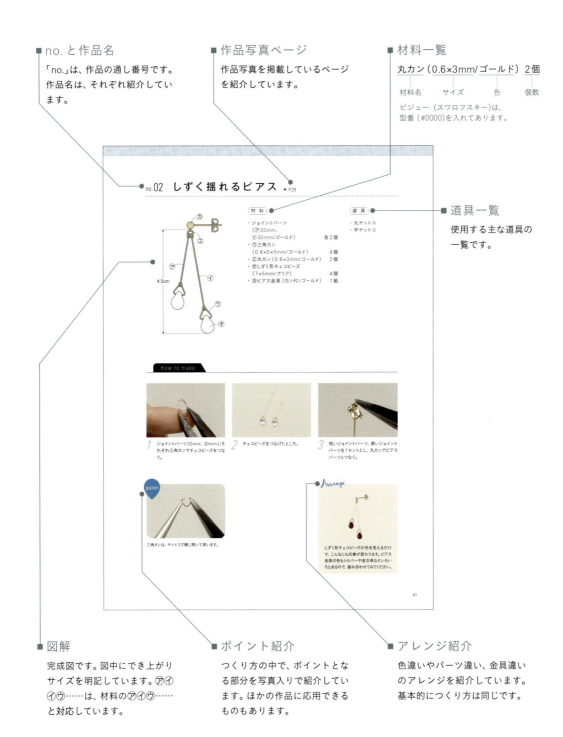

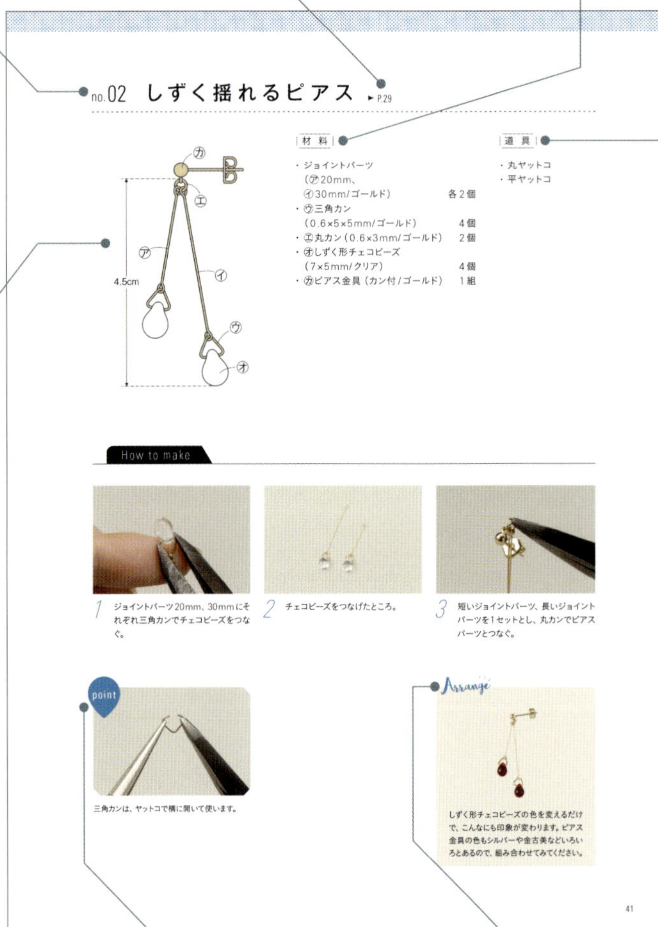

no.02 しずく揺れるピアス ▸P.29
材料
・ジョイントパーツ（㋐20mm、㋑30mm/ゴールド）各2個
・㋒三角カン（0.6×5×5mm/ゴールド）4個
・㋓丸カン（0.6×3mm/ゴールド）2個
・㋔しずく形チェコビーズ（7×5mm/クリア）4個
・㋕ピアス金具（カン付/ゴールド）1組
道具
・丸ヤットコ
・平ヤットコ
4.5cm
How to make
1 ジョイントパーツ20mm、30mmにそれぞれ三角カンでチェコビーズをつなぐ。
2 チェコビーズをつなげたところ。
3 短いジョイントパーツ、長いジョイントパーツを1セットとし、丸カンでピアスパーツとつなぐ。
point
三角カンは、ヤットコで横に開いて使います。
Arrange
しずく形チェコビーズの色を変えるだけで、こんなにも印象が変わります。ピアス金具の色もシルバーや金古美などいろいろとあるので、組み合わせてみてください。
41

■ 道具一覧

使用する主な道具の一覧です。

■ 図解

完成図です。図中にでき上がりサイズを明記しています。㋐㋑㋒……は、材料の㋐㋑㋒……と対応しています。

■ ポイント紹介

つくり方の中で、ポイントとなる部分を写真入りで紹介しています。ほかの作品に応用できるものもあります。

■ アレンジ紹介

色違いやパーツ違い、金具違いのアレンジを紹介しています。基本的につくり方は同じです。

※2017年8月現在販売されている道具、金具、パーツです。時期によっては、廃番になっているものもあります。

PART 1

BASIC OF ACCESSORY MAKING

アクセサリーづくりの基本

アクセサリーづくりの 基本の道具

アクセサリーをつくるときに必要な道具です。これらがあれば、基本的なアクセサリーをつくることができます。

丸ヤットコ

刃先が丸いヤットコ。丸カンの開閉や、Tピンや9ピンの先端を丸めてカンにするときに使います。

平ヤットコ

先端が平らなヤットコ。丸カンの開閉や、つぶし玉をつぶしたり、石座のツメを折ったりするときに使います。

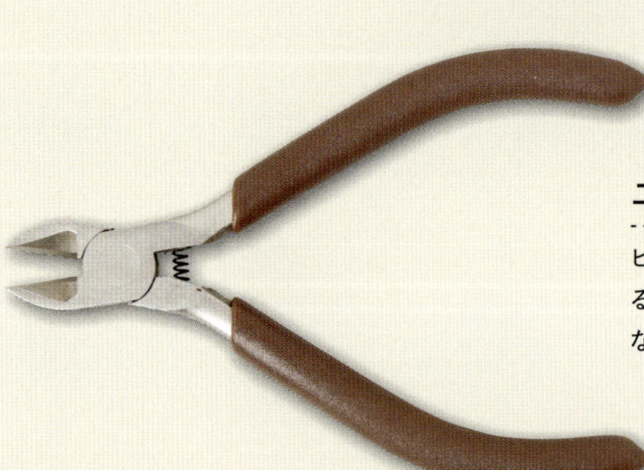

ニッパー

ピン、ワイヤー、チェーンなどを切るときに使います。連爪やテグスなども切ることがきます。

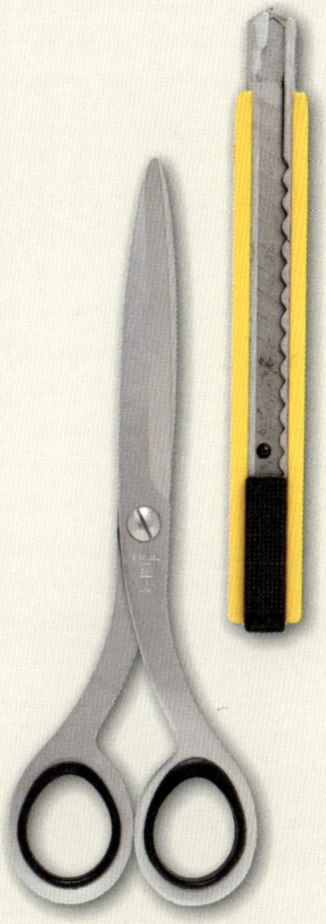

はさみ・カッター

糸、紙、プラバンなどを切るときに使います。

ピンセット

ビーズを配置したり、パーツを接着するときに持ったりと、指でしにくい作業のときに役立ちます。

定規

ワイヤー、テグス、糸、ひも、リボンなどを測るときに使います。パーツを等間隔に配置するときにも役立ちます。

接着剤

多用途のものを持っていると便利です。布や紙に適したクラフトボンド、2液を混ぜて使う接着性の強いエポキシ系など、用途に合わせて使いましょう。

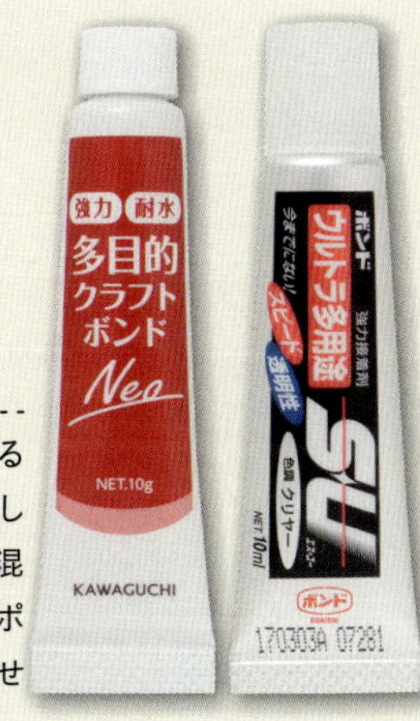

つまようじ(竹串)

接着剤をつけるとき、UVレジンを塗るときなど細かな作業のときに使います。

目打ち

穴を開けるときに使います。またチェーンのコマを広げるときにも。穴がつまったコットンパールの穴を通すのにも使います。

石座

ビジューの型番や大きさが対応するものを選び、ツメを折り、固定して使います。石座に開いている穴にテグスを通して、アクセサリー金具にとめることもできます。

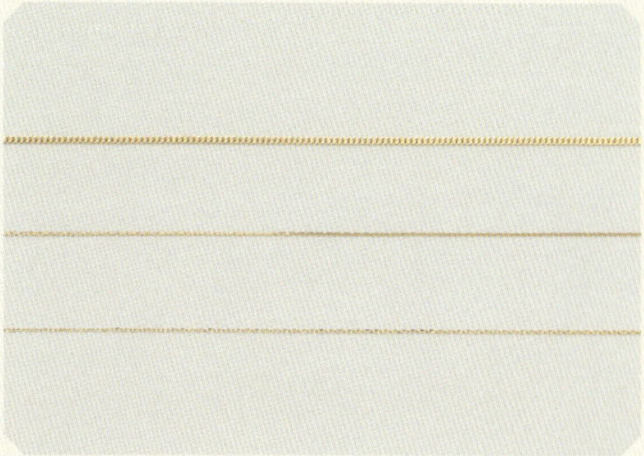

チェーン

ネックレスやブレスレットに使います。細かいコマのものから、デザイン性のあるコマのものまで各種あります。

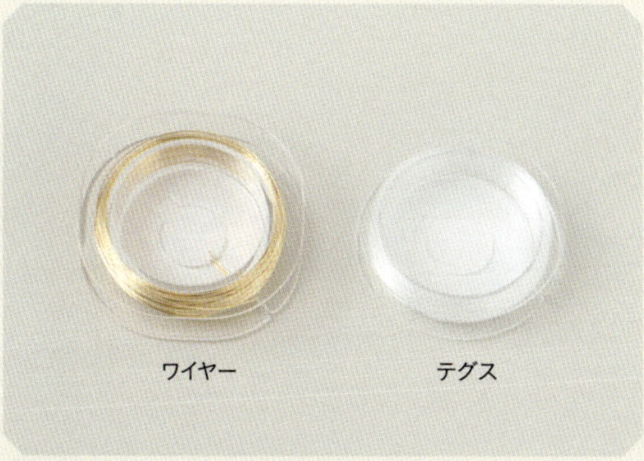

ワイヤー・テグス

ビーズやパール、ビジューなどを通したり、編んだり、縫いとめたりするときに使います。ワイヤーでカンをつくる（P.60）こともできます。

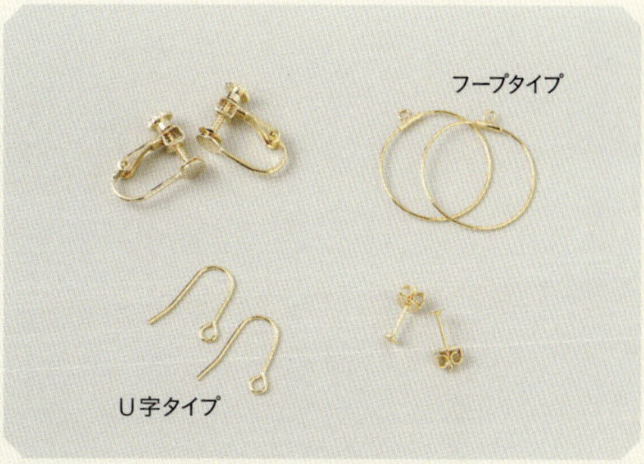

ピアス・イヤリング金具

パーツをつなげるカンがついたもの、パーツを貼りつける丸皿があるものなど多くの種類があります。

リング台

丸皿がついたもの（写真右）、パーツを貼りつけるおわんがついたもの（写真左）などがあります。ビジューが埋め込まれたものもあります。

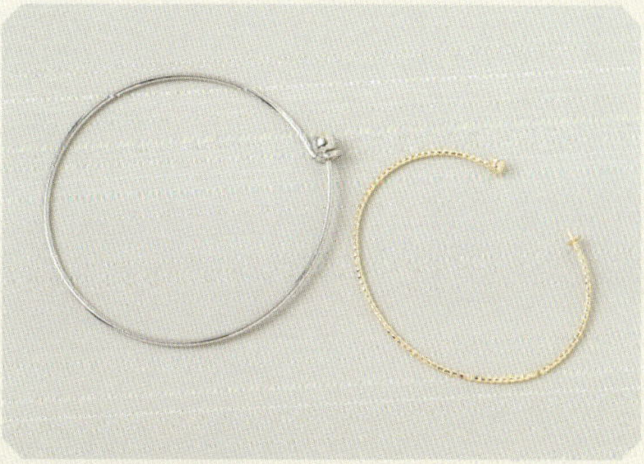

バングル金具

ビーズやパールを貼りつける芯立てがついたもの、パーツを通して使うものなどがあります。

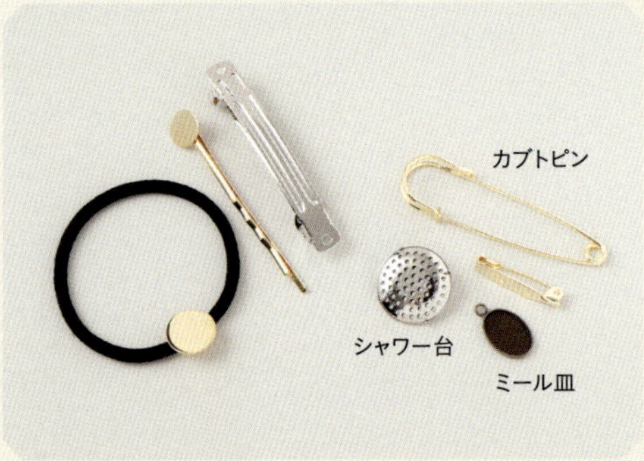

その他の金具

バレッタ、ヘアゴム、ヘアピン、カブトピン、シャワー台、ミール皿は、それぞれパーツを貼りつけたり、通したりして使います。

memo

パーツの色について

金具やパーツは、ゴールド、シルバー（ロジウムカラー）、金古美、ピンクゴールド、マットなどさまざま。古美とは、ゴールドやシルバーをアンティーク調にする加工のことです。

パール

綿を圧縮したコットンパール、真珠に似せた樹脂パール、淡水パールなど、種類や形、サイズも豊富です。

アクリルビーズ

アクリル製のビーズで、軽くて、色やサイズも豊富。形も丸やしずく形などがあります。

チェコビーズ

チェコ産のデザイン性の高いビーズ。風合いのある色味や、優しい丸みの形が特徴です。

ビジュー

ビジューはフランス語で「宝石」。その名の通り宝石のような形と色で華やかな印象です。スワロフスキー社のものが有名で、この本では型番（#0000)を紹介しています。

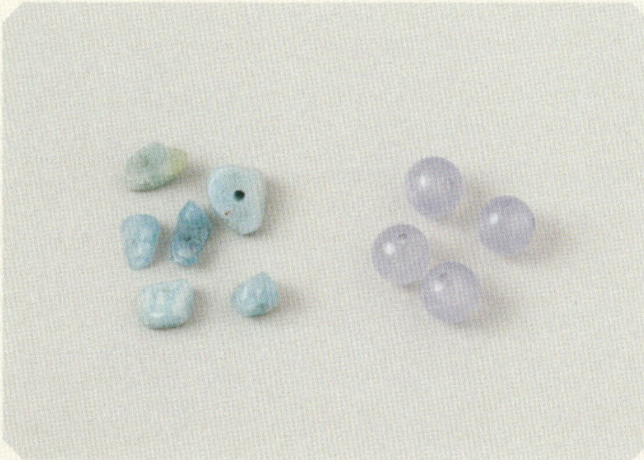

半貴石

天然石や人工石の総称です。種類が豊富で、石の持つ自然な色味がナチュラルな仕上がりになります。

チャーム

ネックレスやブレスレットなどのポイントとして使います。花や葉、クロス、星など種類が豊富です。写真はすべて金属性のもので、メタルパーツと呼ばれています。

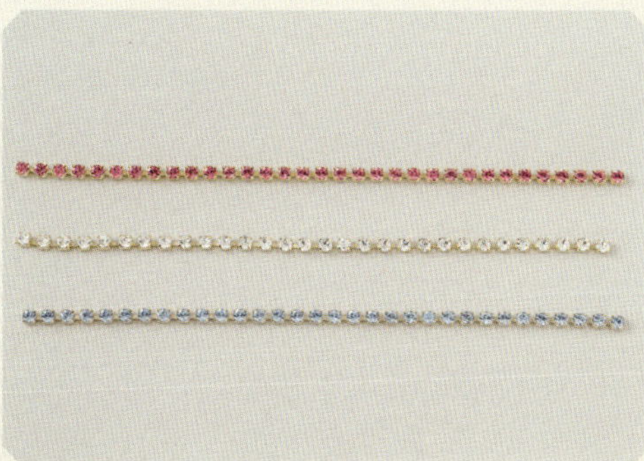

連爪（れんづめ）

スワロフスキーやアクリル樹脂などをはめ込んだチェーン。必要な長さ分を買うことができます。

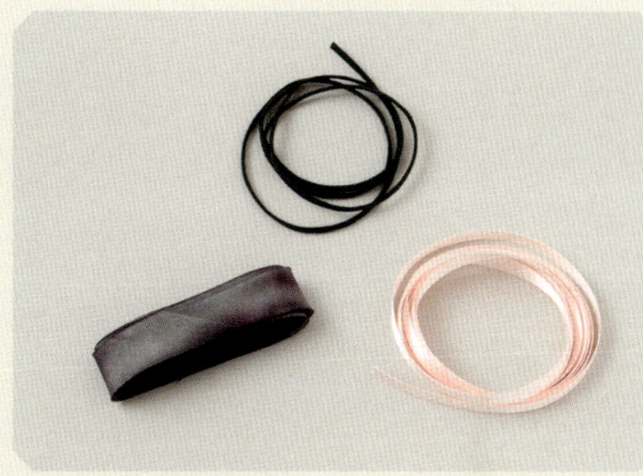

リボン・皮ひも

光沢のあるサテン、シルクなど、素材や製法によって、雰囲気が変わります。色も豊富です。

memo

ネイルパーツは便利

ネイル売り場にあるメタリックパーツや、手芸店にあるドライフラワーなどは、アクセサリーづくりにぴったりのサイズです。もともと、ネイルに貼って使うものなので、でっぱりも少ないものが多く、アクセサリーの表面もデコボコしません。ドライフラワーは、平たいものか小さいものがおすすめです。

その他の材料

25番刺繍糸→6本取りでかせになっています。この本ではすべて6本取りのままで使用しています。
スカシパーツ→ビーズなどを貼りつけたり、テグスでビジューを縫いとめたりして使います。

基本テクニックを覚えよう

アクセサリーは、基本的なテクニックを覚えることで、いろいろな作品をつくることができるようになります。本書でもよく使うテクニックを集めました。

Tピンの丸め方

ビーズやパールに通して、ピンの先端を丸めてカンをつくります。基本中の基本なのでぜひ覚えましょう。

1 パールにTピンを通す。

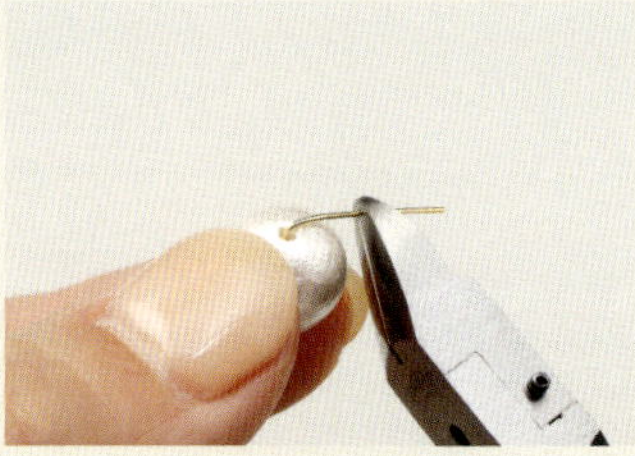

2 ピンの根元を指で曲げ、余分なピンをニッパーでカットする。

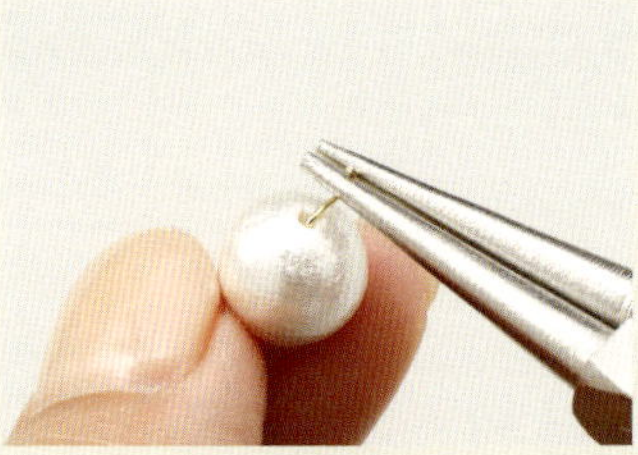

3 ピンの先端を丸ヤットコでつかみ、手首を手前にかえして丸める。

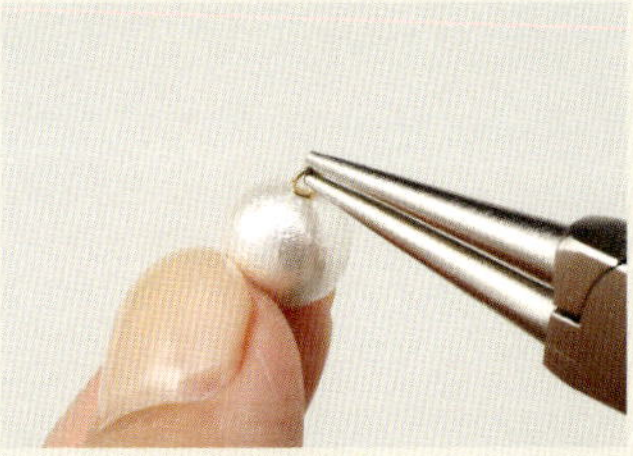

4 パールの穴に3のピンの先を入れる。

5 パールのパーツの完成。

9ピンの丸め方

9ピンを使うと、パーツをそのあとも続けてつなぐことができます。

1 ビーズに9ピンを通す。

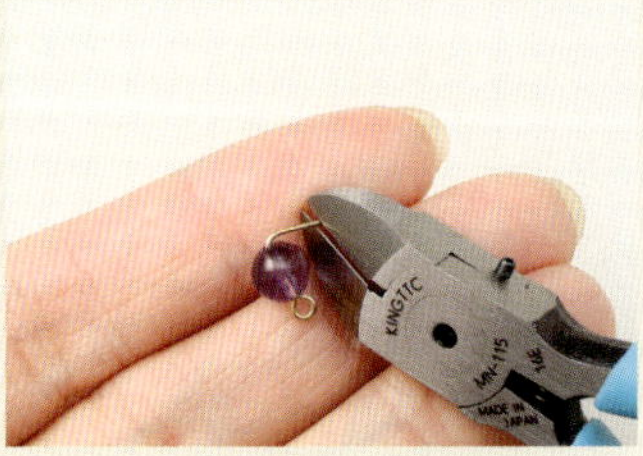

2 ピンの根元を指で曲げ、余分なピンをニッパーでカットする。

3 ピンの先端を丸ヤットコでつかみ、手首を手前にかえして丸める。

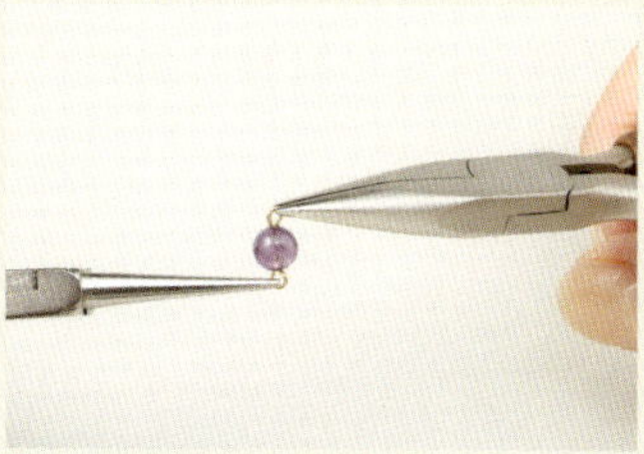

4 ヤットコで上下に持ち、歪んでいないか確認する。

5 ビーズのパーツの完成。

memo

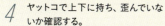

Tピンと9ピンを使うだけで、こんなパーツをつくることができます。

一番下のパールにTピンを通し、先端を丸めたら、そのあとは9ピンでパールをつなぎます。チェーンにつなげたパールをつなぐと、こんなパーツをつくることができました（作り方の続きは、P.51参照）。長くつなぐことで、ネックレスやブレスレットのチェーンとしても使うことができます。

point

ビジューのサイズ一覧

本書では、ビジューはスワロフスキー社のものを使っています。スワロフスキーの一部のストーンはPPやSSといった表記で販売されているので、材料購入の際に右のサイズ表も参考にしてください（店舗によって若干のサイズ違いがあります）。

※PPとSS
スワロフスキー社のあるオーストリアでのサイズの単位がPPとSS。日本国内向けにmm、cmで表記されています。
PP→Pearl Plate　SS→Stone Size
という意味です。PPのほうが、より細かいサイズの単位となっています。

貴和製作所	パーツクラブ
PP4（約1.1-1.2mm）	
PP6（約1.3-1.35mm）	
PP9（約1.5-1.6mm）	
PP10（約1.6-1.7mm）	
PP11（約1.7-1.8mm）	
PP13（約1.9-2.0mm）	約2mm
PP17（約2.3-2.4mm）	
PP18（約2.4-2.5mm）	約2.5mm
PP21（約2.7-2.8mm）	
PP24（約3.0-3.2mm）	約3mm
PP31（約3.8-4.0mm）	約4mm
SS29（約6.1-6.3mm）	約6mm
SS39（約8.2-8.4mm）	約8mm
SS45（約9.8-10.2mm）	約10mm

丸カンの開閉

パーツとパーツをつないだり、アクセサリー金具とパーツをつなぐときに使います。

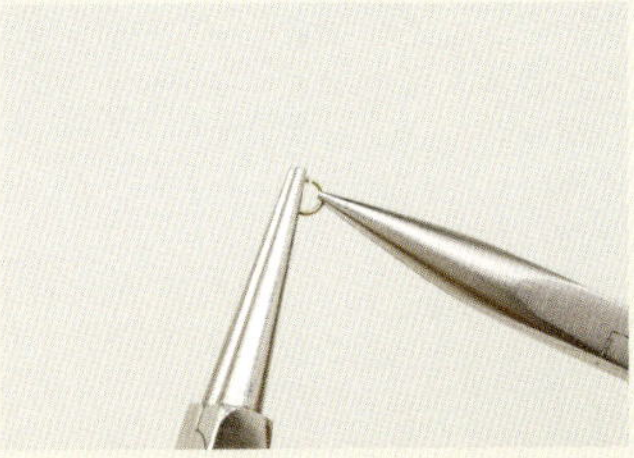

1 丸ヤットコと平ヤットコで丸カンを挟む。

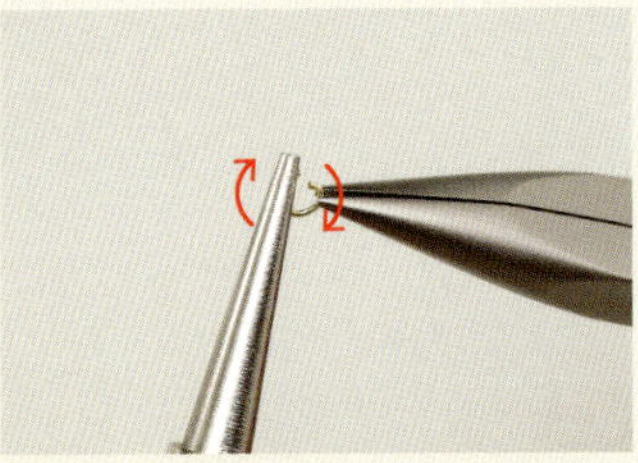

2 ヤットコを前後にずらして、開く。

3 パーツをつなぐ。

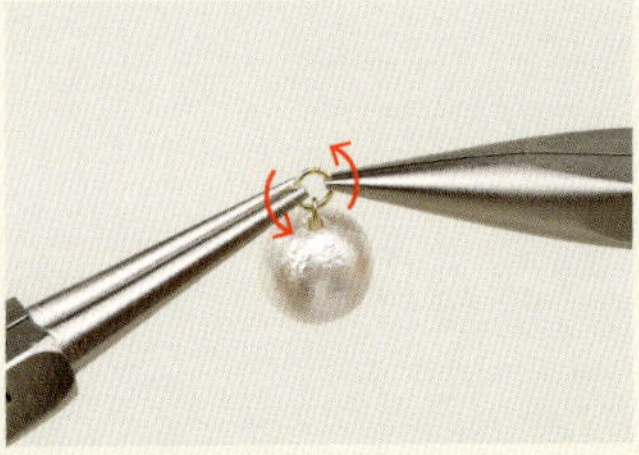

4 2と同様にヤットコを前後にずらして、閉じる。

指カン
指にはめ、溝にカンを入れて固定し、平ヤットコで丸カンの開閉をすることができます。道具を2本持たないでできるので、初心者に便利です。

チェーンの切り方

ネックレスやブレスレットづくりでは、好みの長さにチェーンをカットします。

1 カットしたい長さの1コマ先をニッパーでカットする。

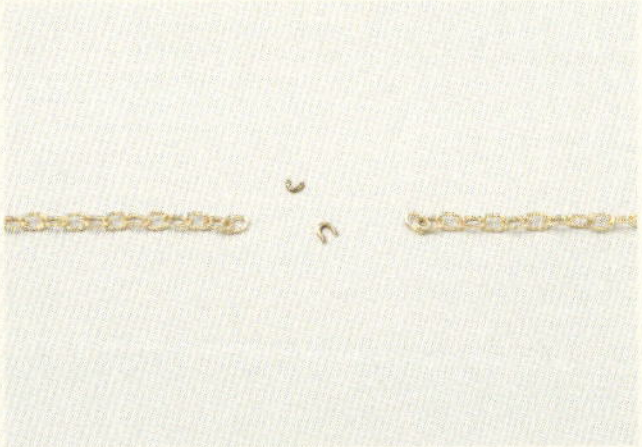

2 カットした1コマを外す。

チェーンのコマを広げる

細かいコマの場合は、目打ちを使って少しコマを広げることができます。

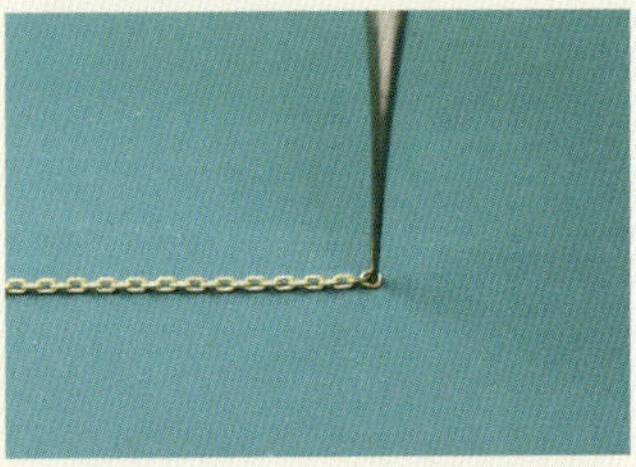

1 チェーンをカッターマットなどの上におき、広げたいコマに目打ちを押しあてる。

2 コマを広げたところ。

ボールチップとつぶし玉の使い方

ブレスレットやネックレスのワイヤーやテグスの端の処理に使います。

1 テグスにボールチップ、つぶし玉を通し、輪をつくるようにテグスをもう一度つぶし玉に通す。

2 テグスを引っ張り、ひきしめる。

3 つぶし玉を平ヤットコでつぶし、余分なテグスをカットする。ボールチップで挟んで閉じる。

ビジューを石座に留める

ビジューはそれぞれ対応している石座にとめて使います。

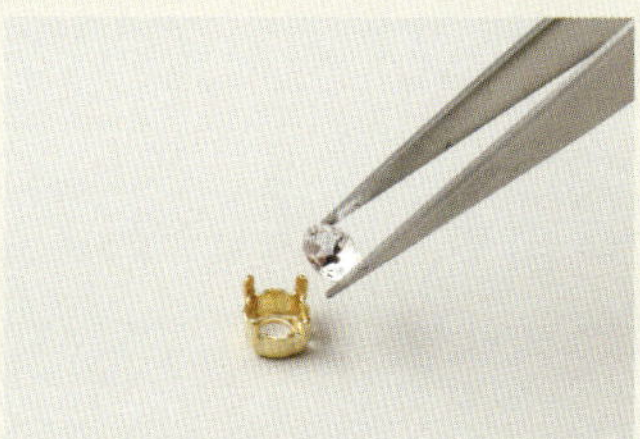

1 石座にビジューを平らになるようにのせる。

2 石座のツメを1カ所、平ヤットコで折る。

3 *2*で折ったツメの対角のツメを同様に折る。

4 残りのツメも同様に折る。

5 ツメをすべて折ったところ。

カシメの使い方

細いチェーンやひもなどの端の処理に使います。

1 カシメの内側に接着剤を塗り、チェーンをカシメにのせる。

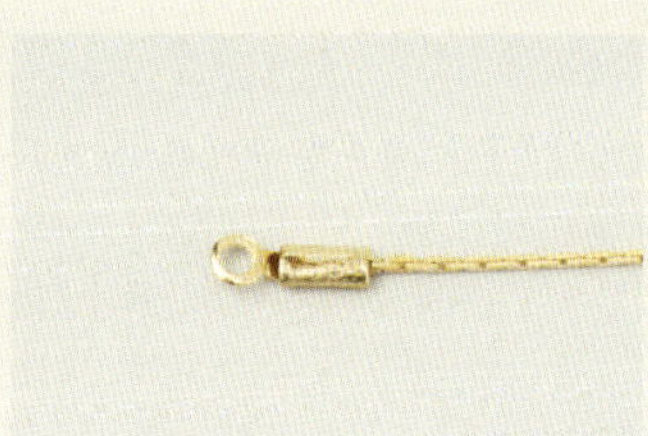

2 平ヤットコでカシメを片側ずつ折りこむ。

その他の
テクニック

基本の道具とテクニックがわかれば、つくれるようになるプラバン、レジン、コード結び。基本のつくり方を紹介します。

プラバンの道具とテクニック

トースターで焼くと約1/4ほどに縮むプラバン。ペンで絵を描いたり、焼いて縮めたものに絵の具で色つけをしたりします。UVレジンや接着剤を使って、アクセサリー金具と接着させてアクセサリーにします。

〈道具〉

プラバン

本書では0.4mmの厚さのものを使っています。手芸店や100円均一ショップでも買うことができます。0.2mmの厚さのものや、白いものなどもあります。

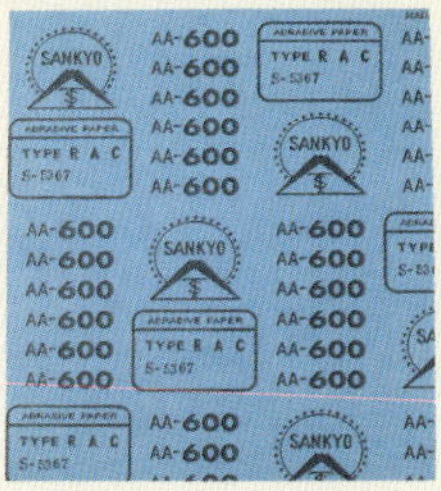

紙やすり

600番のものがおすすめ。プラバンの片面にやすりをかけるときに使います。

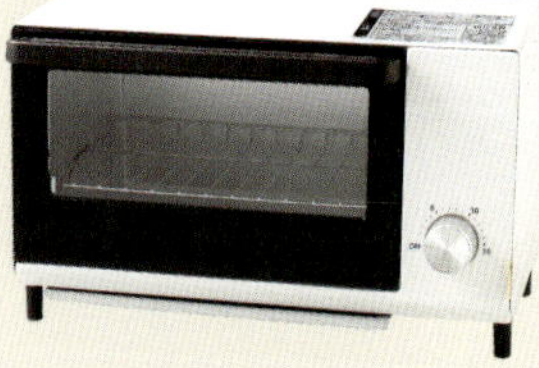

トースター

家庭用のトースターを使います。焼く時間は、プラバンの動きの様子をみながら調節します。

布手袋

焼いたプラバンは、とても熱くなっています。必ず布手袋をし、やけどに注意しましょう。

金属トレイ

焼けて縮んだプラバンをプレスするときに使います。ステンレス素材がおすすめ。底が平らなものにしましょう。

その他の道具

アルミホイル・クッキングシート→トースターで焼くときに下に敷いて使います。
水性カラーマーカー、アクリル絵の具→絵を描いたり、色をつけたりします。
UVレジン、UVライト→焼いたプラバンをコーティングしたり、アクセサリーと接着した部分を強化するときに使います。
接着剤→プラスチックと金属に対応するものがおすすめ。

〈つくり方〉

1 プラバンの片面に縦方向と横方向に紙やすりをかける。

2 図案を描き、切り取る。

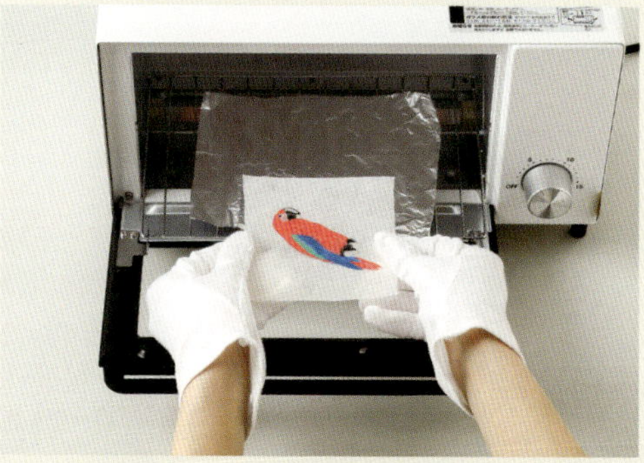

3 布手袋をはめて、アルミホイルの上に、クッキングシートにのせたプラバンを、あたためたトースターに入れる。

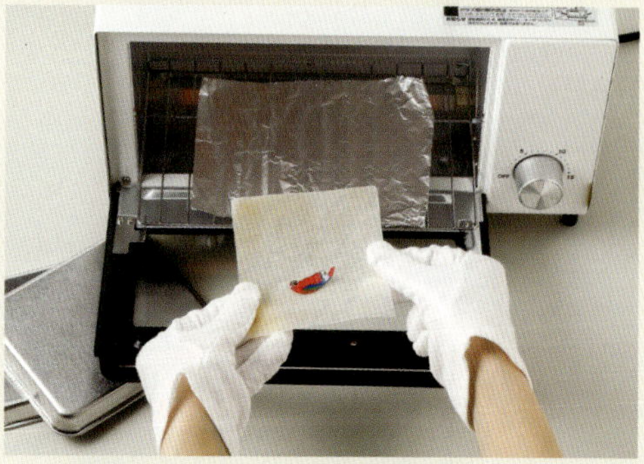

4 縮みだして、動きが落ち着いたらトースターから取り出す。熱くなっているのでやけどに注意。

5 熱いうちに、すぐに金属トレイでプレスして平らにする。

memo

水性カラーマーカーを使う

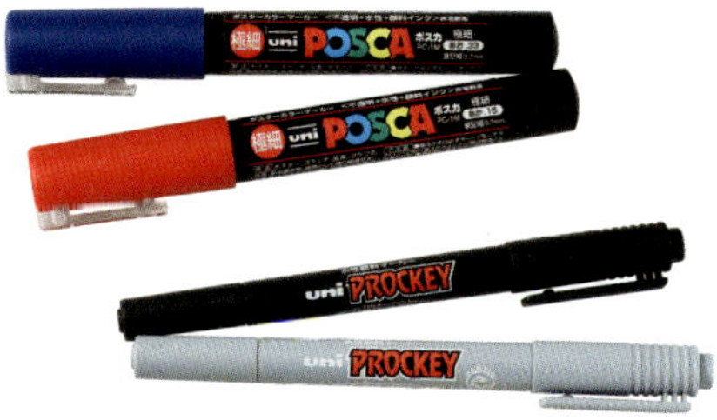

ポスカ、プロッキーは、発色がきれいな水性カラーマーカーです。極細、細字、中字、太字があります。プラバンで図案の外枠を描くときや広い面を塗るときなど、太さやカラーを作品によって使い分けましょう。

UVレジンの道具とテクニック

紫外線で固まる「紫外線硬化樹脂」がUVレジン。透明なので、型に流し込んで中にパーツを入れ、固めて形をつくります。粘度が高いので、ぷっくりと表面を盛り上げたり、コーティングしたりすることができます。

〈道具〉

UVレジン

紫外線をあてると固まる樹脂。本書ではハードタイプを使っています。透明ですが、専用の着色剤を混ぜると色をつけることができます。

UVライト

紫外線をあてるレジン専用のライトです。36Wのものがおすすめ。ライトを短時間あてることで、レジンを固めます。

※太陽光でも硬化できますが、レジンの厚さ、季節、気温によって硬化する時間が異なります。レジンのパッケージを参照してください。

つまようじ

レジンを型に入れたときにできた気泡を、つぶすときに使います。また、細かいパーツにレジンを塗るときなどにも使います。

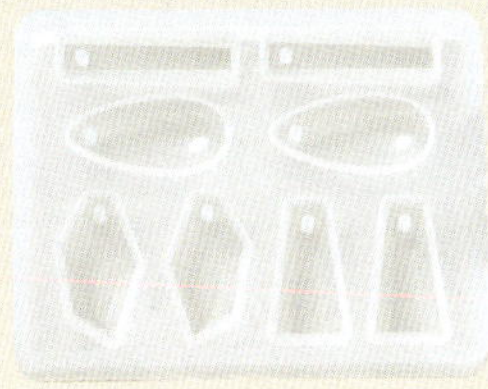

レジン型

シリコン素材のものがおすすめ。いろいろな形のものがあります。手芸店などで買うことができます。

memo

厚紙とマスキングテープ

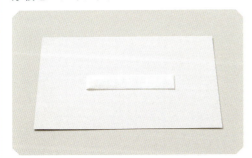

適度なサイズに切った厚紙やクリアファイルにマスキングテープの粘着面を上にして貼ります。この粘着部分にレジンのパーツを貼りつけて、UVライトにあてます。底がない枠だけのパーツにもレジンを流し込むことができます。マスキングテープなので、レジンが固まれば、簡単にはがせます。

洗濯ばさみが便利アイテム

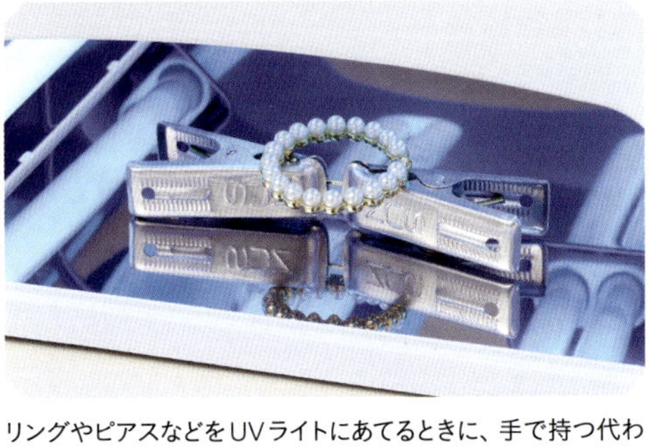

リングやピアスなどをUVライトにあてるときに、手で持つ代わりに、洗濯ばさみに挟むと便利です。金具の部分を挟んだり、のせたりして使いましょう。

〈つくり方〉

1 型にレジンを入れる。気泡があれば、つまようじでつぶす。

2 材料を入れる（写真はシェルパウダー）。

3 材料の位置調整や、気泡をつぶしたりするのは、つまようじで行う。

4 UVライトにあてて、硬化させる。

point

枠だけのパーツにレジンを流し込むと、硬化させたあとに余分なレジンがバリとしてあらわれます。バリは爪できれいにはがせます（P.154の4参照）。

memo

接着剤の強度を高める

パーツとアクセサリー金具を接着剤でつけたあと金具の上からレジンで覆って固めると、よりしっかりと接着できます。

コーティング剤として使う

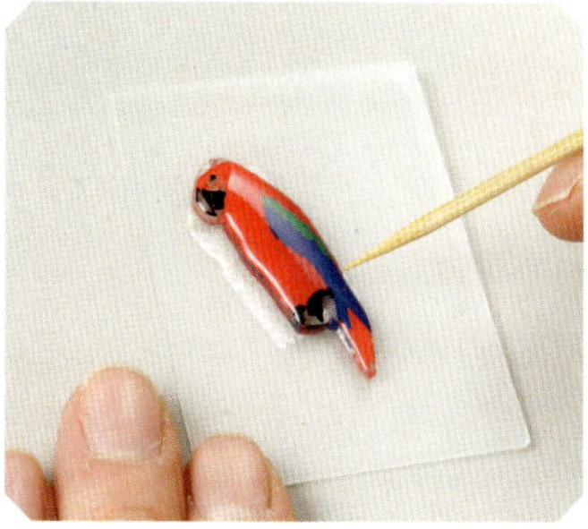

レジンは粘度があるので、表面をぷっくりとさせたり、コーティングしたりすることができます。一度にたくさんつけるのではなく、何回かに分けて塗りましょう。

コード結びの道具とテクニック

手芸用のコードでビーズやパーツなどを一緒に通したりしてつくります。結び方はいろいろありますが、どれも覚えてしまえば、それをくり返して結ぶだけ。コードも素材や色など種類が豊富です。

〈道具〉

コード

手芸用のコード。綿、皮、ヘンプなど種類は豊富。色も太さもたくさんあります。

ビーズ

粒の小さなもの、スワロフスキー、パール、天然石などを使います。コードが通る穴のサイズを選びましょう。

パーツ

とめパーツにしたり、デザインのメインにしたりして使います。

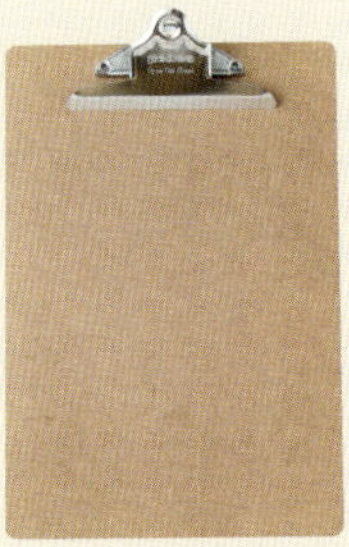

クリップボード

コードを挟んで結ぶときに使います。テープで机などにコードをとめてもOK。本書のつくり方では、見やすいようにテープでとめています。

ライター

ポリエステル素材のコードの端を溶かして処理をする（焼きどめ→P.110参照）ときに使います。着火点まで少し離れたタイプのものが熱くならずおすすめです。普通のライターでもOK。

その他の道具

はさみ→コードを切るときに使います。
接着剤→切ったコードをとめるときに使います。
平ヤットコ→金具をつけるときに使います。

〈結びの種類〉 ※それぞれの詳細な手順は、110ページ、129ページで紹介しています。

ねじり結び

結んでいくと、自然とねじれていく結び方。

平結び

平らに結びが続く結び方。合間にビーズなどを挟むことも。

ラダーワーク

はしごのように石を結んでいく結び方。

三つ編み

ヘアアレンジでもおなじみの結び方。

あわじ結び

もともとは水引などに使われる、お祝いのときに使う結び方。

Column

デザインのヒント

最初は、本書に載っている作品でお気に入りのものをつくってみましょう。
慣れてきたら「自分でデザインを考えてみたい」と思うはず。「でもデザインってどう考えるの?」と悩みます。そこで、デザインのヒントを紹介します。これらを参考にオリジナルの作品をつくってみましょう。

その1

手芸店に行く

店に行くと、さまざまな金具、パーツの多さに驚くかもしれません。金具も色だけで3～5種類あることも。そこで、パーツのコーナーを見て、気になったものを探してみましょう。P.159にshoplistを紹介しています。

その2

組み合わせをイメージする

店で気になったパーツがあったら、それに何を合わせるか考えます。実物を見ながら合わせていくと、サイズ感や色の組み合わせなどもしやすくなります。素材や色は、自分の好みのものでかまいません。

その3

トレンドや雑誌などをチェックする

手芸店には、そのときのトレンドに合わせたものが販売されています。雑誌などを見て、トレンドをとり入れたデザインを考えてみてもいいでしょう。また季節によっても、並ぶ商品が変わります。

その4

配置を考える

気になったパーツや金具を買ってきたら、配置を考えてみましょう。まずは、パーツの組み合わせを優先します。手前に持ってきたらいいか、それとも後ろにして少し見せるのがいいのか……などを仮に配置してみます。

PART 2

EARRINGS

ピアス・イヤリング

no.01

星形の アシンメトリーピアス

夜空をイメージしたアシンメトリーピアス。耳元で星が光ります。

How to make ► P.40

Design Ambivalence

no.02
しずく揺れるピアス

三角カンでつなげるクリアなビーズが涼しげなピアスです。

How to make ► P.41
Design nul

no.03
しずく形ピアス

しずく形のフープピアスにころんとしたビーズを通すだけ。

How to make ► P.42
Design Ambivalence

no.04
ドームピアス

ガラスドームにパールをつめました。下のひと粒パールもポイント。

How to make ► P.43
Design chouchou-fil

no.05
淡水パール３つのピアス

トライアングル形のパールが大人かわいいピアスです。

How to make ► P.44
Design nul

no.06
パールとビジューのイヤリング

華やかなビジューは耳元がきらめき、パーティーにぴったり。

How to make ► P.45
Design Ambivalence

no.07
パールとお花のピアス

パールとお花がアクセントになったかわいいピアス。

How to make ► P.46
Design chouchou-fil

アクセサリーづくりの 基本の材料・素材

基本の材料・素材を紹介します。これらの使い方を知っておけば、ピアスやネックレス、ブレスレットなどをつくることができます。

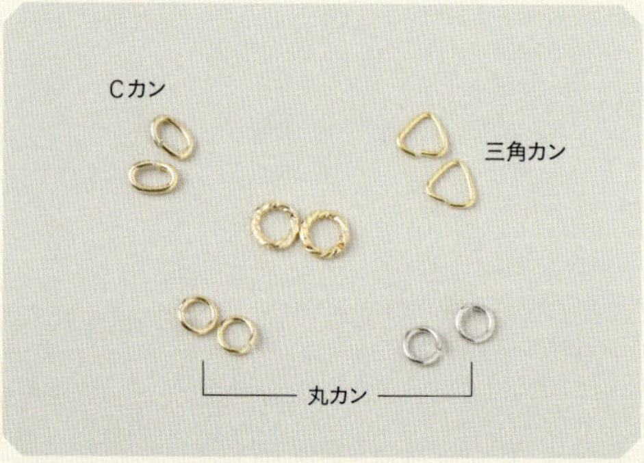

カン類

丸カン、Cカン、三角カンなどがあります。パーツをつなぐときに使います。サイズはいろいろあるのでパーツにあったサイズを選びます。写真中央のようなデザイン丸カンもあります。

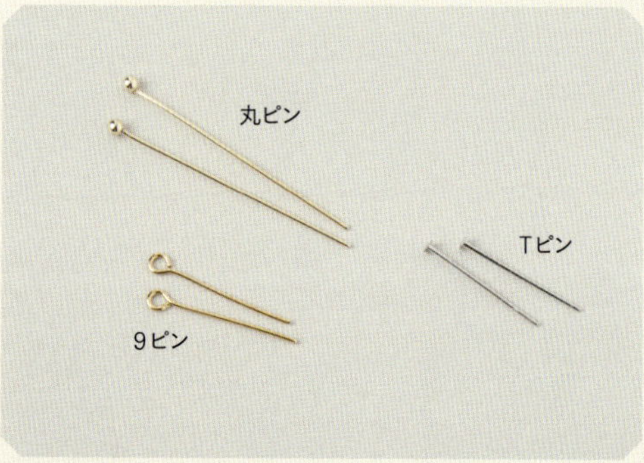

ピン類

Tピン、9ピン、丸ピンがあります。ビーズやパールなどを通し、先端を丸めてパーツとして使います。

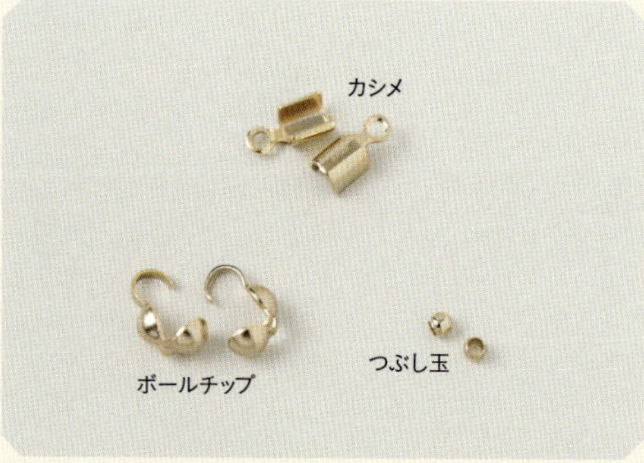

エンドパーツ

テグスやワイヤーにはボールチップとつぶし玉、ひもやリボンにはカシメを使います。これらは端の処理に使います。

とめ金具

ヒキワとカニカンは、板ダルマとセットにして、ネックレスやブレスレットに使います。磁力タイプのものもあります。チェーンの長さを調節できるアジャスターもあります。

no.08
リーフとビジュー のピアス

リーフのデザインチェーンが動く
たびにきらきらと輝きます。

How to make ► P.47
Design Ambivalence

no.09
揺れる連爪ピアス

連爪が光り、ビジューが輝く大人
シンプルなピアスです。

How to make ► P.48
Design Ambivalence

no. 10
チューブと青い チェコビーズのピアス

青いビーズとゴールドのチューブがクールなピアス。

How to make ► P.49
Design nul

no. 11
ビーズとリボンの ピアス

ビーズとリボンがアクセントになるシックなピアス。

How to make ► P.50
Design chouchou-fil

no. 12
華やか片耳パール
ピアス

たくさんのパールが揺れる、華やかな片耳タイプ。

レジン　How to make ► P.51

Design aco

no. 13

ガラスビーズのフープピアス

ころころとしたガラスビーズがかわいいフープピアスです。

How to make ► P.52

Design nul

no. 14

さざれ石のフープピアス

レジンで天然石とパールを包みこんだ透明感のあるピアス。

レジン How to make ► P.53

Design aco

no. 15
スクエアピアス

スクエアのパーツでスタイリッシュな大人の印象。連爪が輝きます。

How to make ► P.54

Design chouchou-fil

no. 16
ラピスのチェーンピアス

チェーンが華奢に揺れて、ラピスの存在感が際立ちます。

How to make ► P.55

Design chouchou-fil

no. 17
小花のアメリカンピアス

小花のビーズが連なる大人かわいい印象のピアスです。

How to make ► P.56

Design nul

no. 18
花のきらめく ピアス

ドライフラワーとラメをレジンで
閉じ込めたにぎやかなピアスです。

（レジン） How to make ► P.57
Design aco

no. 19
レジンの バーピアス

シェルパウダーのグラデーション
がきらきらと輝くバータイプ。

（レジン） How to make ► P.58
Design nul

no. 20
オーバルの クリアピアス

パールが浮かんでいるような
オーバルピアス。

（レジン） How to make ► P.59
Design chouchou-fil

no. 21
花とクリスタルの ピアス

ドライフラワーとクリスタルがナ
チュラルな雰囲気のデザイン。

（レジン） How to make ► P.60
Design aco

no.22
インコのタッセル ピアス

インコとタッセルの色味がカラフルな印象の片耳用ピアス。

(プラバン) How to make ► P.61

Design シモオオゾノミホ

no. 23
コットンパールのころころピアス

ふわふわの糸とパールがかわいい、小さめサイズです。

How to make ► P.62
Design aco

no. 24
ザラメピアス

ザラメを固めたようなユニークなかわいいピアスです。

プラバン How to make ► P.63
Design シモオオゾノミホ

no. 25
タッセルとビジューのイヤリング

女性らしさを格上げしてくれる華やかなビジュー。

How to make ► P.64
Design Ambivalence

no.01 星形のアシンメトリーピアス ► P.28

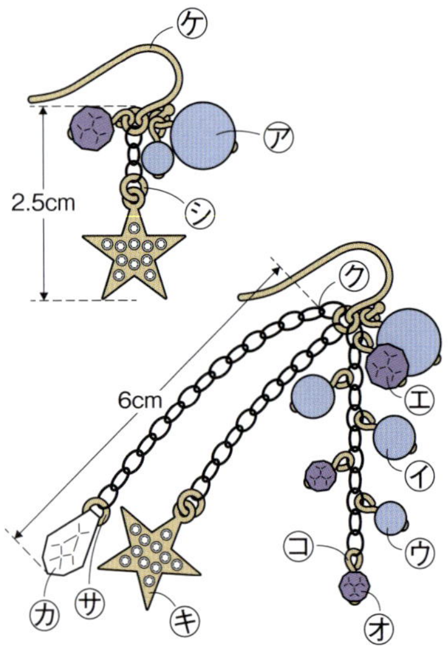

|材 料|

・スワロフスキー クリスタルパール#5810
（㋐8mm、㋑6mm、㋒4mm/
イラデサントダークブルー） 各2個
・スワロフスキー #5000（㋓6mm、
㋔4mm/ダークインディゴ） 各2個
・㋕スワロフスキー #6007
（9×5mm/クリスタルAB） 1個
・㋖チャームラッキースター
（クリスタルゴールド） 2個
・㋗チェーン（ゴールド） 12cm
・㋘ピアス金具
（真鍮(しんちゅう)U字大/ゴールド） 1組
・㋙Tピン（0.6×25mm/ゴールド）10本
・㋚丸カン（0.7×4mm/ゴールド） 1個
・㋛丸カン（0.7×3.5mm/ゴールド）4個

|道 具|

・丸ヤットコ
・平ヤットコ
・ニッパー

How to make

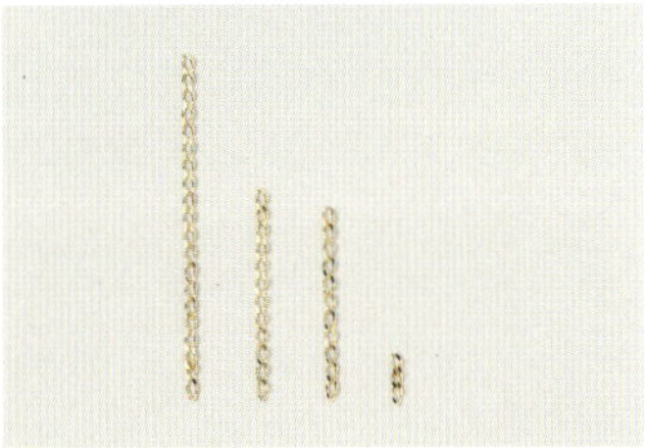

1 チェーンを5cm、3cm、2.8cm、0.7cmにそれぞれカットする。

2 ピアスパーツに1の5cm、3cm、2.8cmを丸カン㋛でつなぐ（aとする）。もう片方に1の0.7cmをつなぐ（bとする）。

3 2のaの3cmのチェーンと、bのチェーンの先に丸カン㋛で星チャームをつなぐ。

4 3のaの5cmのチェーンに㋕を丸カン㋚でつなぐ。

5 ㋐にTピンを通し、余分なピンをカットし、先を丸める。ピアス金具にそれぞれつける。

6 ㋑～㋔にそれぞれ5と同様にTピンを通し、aの2.8cmのチェーン、bの0.7cmのチェーンに順につなぐ。

no.02　しずく揺れるピアス ► P.29

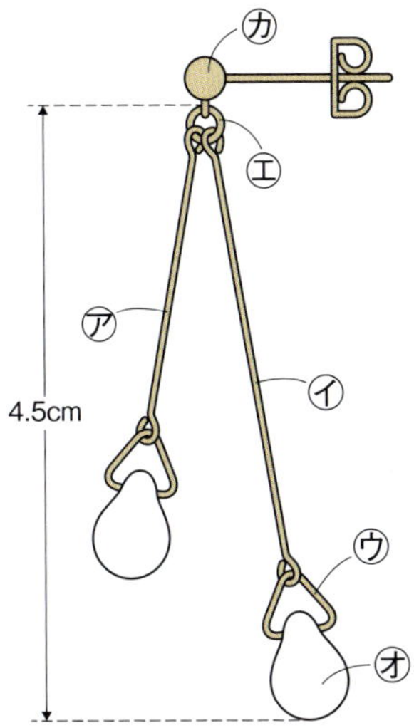

材料

- ジョイントパーツ（㋐20mm、㋑30mm/ゴールド）　各2個
- ㋒三角カン（0.6×5×5mm/ゴールド）　4個
- ㋓丸カン（0.6×3mm/ゴールド）　2個
- ㋔しずく形チェコビーズ（7×5mm/クリア）　4個
- ㋕ピアス金具（カン付/ゴールド）　1組

道具

- 丸ヤットコ
- 平ヤットコ

How to make

1　ジョイントパーツ20mm、30mmにそれぞれ三角カンでチェコビーズをつなぐ。

2　チェコビーズをつなげたところ。

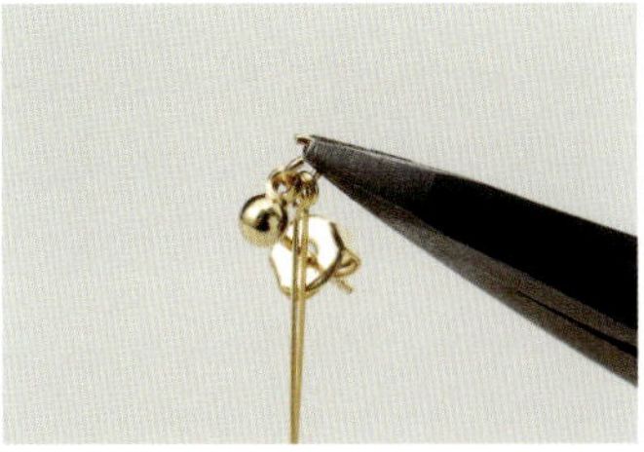

3　短いジョイントパーツ、長いジョイントパーツを1セットとし、丸カンでピアスパーツとつなぐ。

point

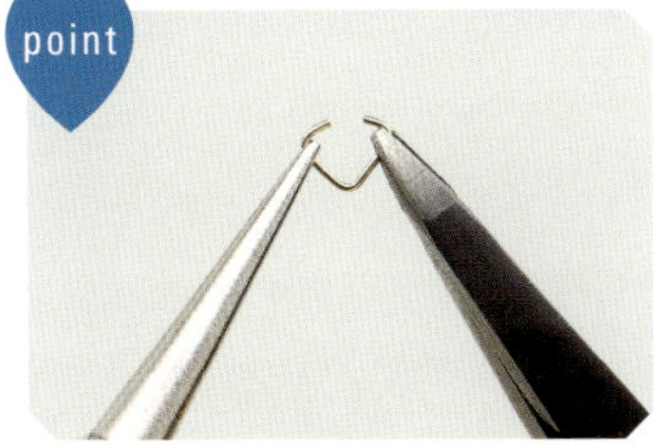

三角カンは、ヤットコで横に開いて使います。

Arrange

しずく形チェコビーズの色を変えるだけで、こんなにも印象が変わります。ピアス金具の色もシルバーや金古美などいろいろとあるので、組み合わせてみてください。

no.03 しずく形ピアス ► P.29

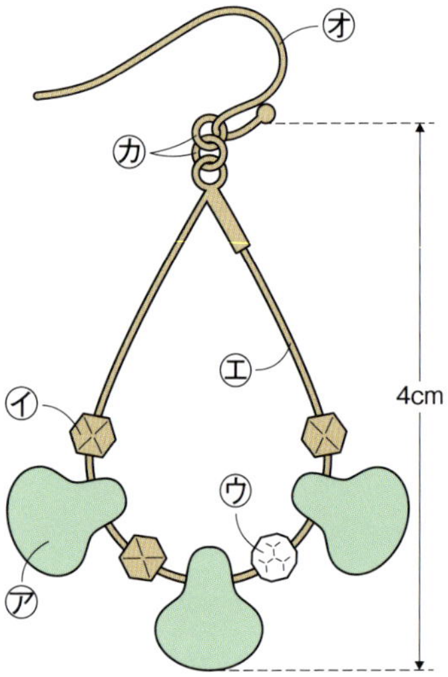

材料

- ㋐ティアドロップビーズ（約10mm/オリジナルシーグラス） 6個
- ㋑メタルビーズ（3mm/ソフト金） 6個
- ㋒スワロフスキー #5000（4mm/クリスタルゴールドシャドー） 2個
- ㋓ワイヤーフープ（ドロップ/20×30mm/ゴールド） 2個
- ㋔ピアス金具（真鍮U字大/ゴールド） 1組
- ㋕丸カン（0.6×3mm/ゴールド） 4個

道具

- 丸ヤットコ
- 平ヤットコ

How to make

1 ワイヤーパーツにメタルビーズ、ティアドロップビーズ、スワロフスキーを図のように通す。

2 ワイヤーパーツを閉じ、端をつぶす。

3 丸カン2個で、2とピアスパーツをつなぐ。

Arrange

ティアドロップビーズを替えて、ピアス金具をイヤリング金具にしました。パーツを替える以外は、同じつくり方です。

no.04 ドームピアス ► P.30

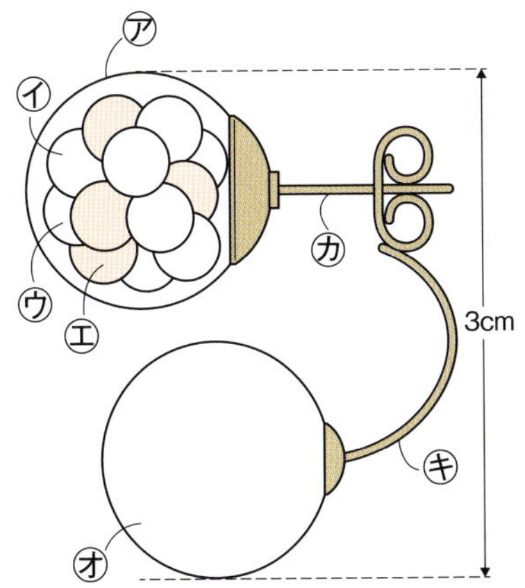

材料

- ㋐ガラスドーム（12mm） 2個
- ㋑パール（3mm/セントホワイト） 12個
- ㋒パール（3mm/ホワイト） 12個
- ㋓パール（3mm/クリームローズ） 12個
- ㋔コットンパール（12mm/ホワイト） 2個

ピアス金具

- ㋕ポスト（ガラスドーム用/ゴールド） 1組
- ㋖キャッチ（芯立付/ゴールド） 1組

道具

- 接着剤
- マスキングテープ

How to make

1 ガラスドームに3種類のパールを6個ずつつめる。

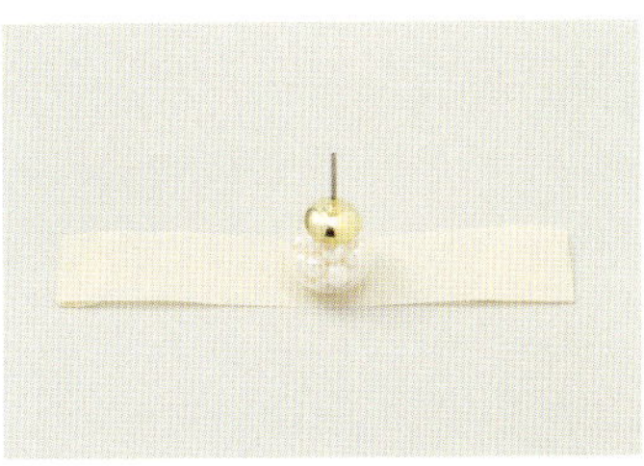

2 ピアスポストに接着剤をつけてガラスドームをつける。紙にマスキングテープの接着面を上にして貼り、そこにガラスドームを貼りつけると、固定される。※一晩おいてしっかりと乾かす。

3 芯立付キャッチにパールを接着剤でつける。

point

ガラスドームは、ピアス金具も専用のものがあります。中にパールやビーズを入れたり、カラフルな糸を入れたりなど、アレンジは自由です。

Arrange

ガラスドームのみをピアス金具につけてアレンジ。ピアス金具は、ガラスドーム専用のものを使いましょう。

no.05 淡水パール3つのピアス ►P.31

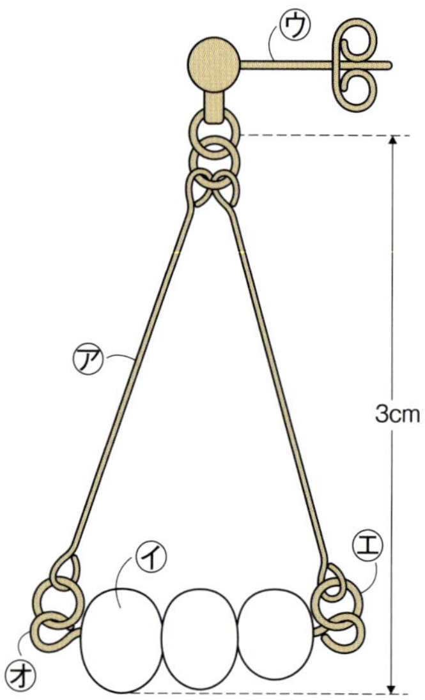

|材 料|

・㋐ジョイントパーツ
（25mm/ゴールド） 4個
・㋑淡水パール
（ポテト 4.5~5mm/ホワイト） 6個
・㋒ピアス金具（カン付/ゴールド） 1組
・㋓丸カン（0.6×3mm/ゴールド） 8個
・㋔9ピン（0.5×25mm/ゴールド） 2本

|道 具|

・丸ヤットコ
・平ヤットコ
・ニッパー

How to make

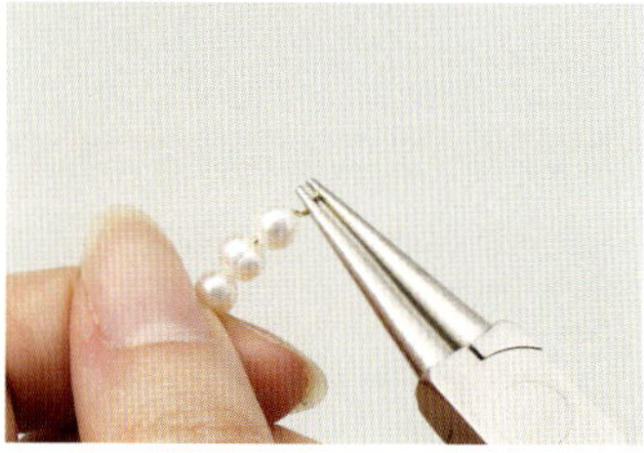

1 淡水パール3個に9ピンを通し、余分なピンをカットし、先を丸める。

2 9ピンの先に丸カンでジョイントパーツをつなぐ。反対側も同様に。

3 2の丸カンでジョイントパーツをつなぐ。

4 ピアス金具と3を、丸カンでつなぐ。

Arrange

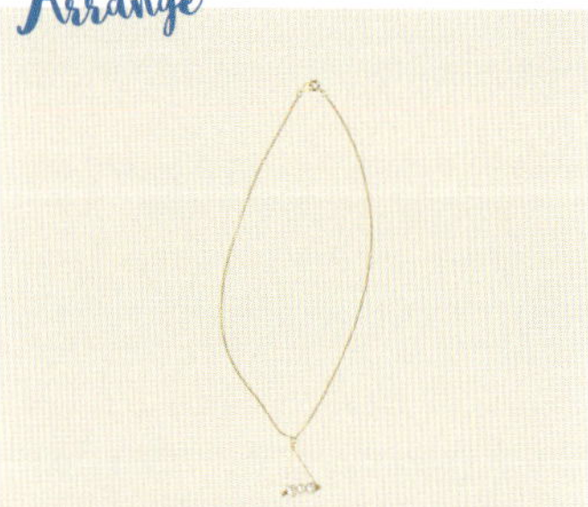

ピアス金具ではなく、チェーンにつなぎ、ネックレスに。チェーンもゴールドで揃えてみましょう。

no.06 パールとビジューのイヤリング ► P.31

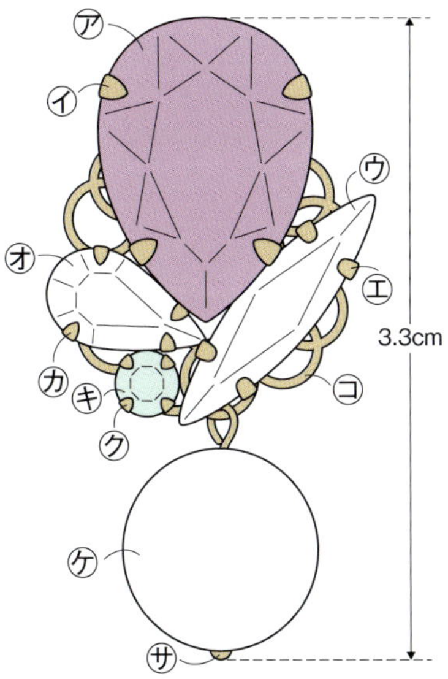

|材 料|

- ㋐スワロフスキー #4320
  （14×10mm/クリスタルピオニーピンク） 2個
- ㋑石座（#4320用/
  14×10mm/ゴールド） 2個
- ㋒スワロフスキー #4200
  （15×4mm/クリスタル） 2個
- ㋓石座（#4200用/15×4mm/ゴールド） 2個
- ㋔スワロフスキー #4328
  （8×4.8mm/ゴールデンシャドー） 2個
- ㋕石座（#4328用/8×4.8mm/ゴールド） 2個
- ㋖スワロフスキー #1088
  （PP24/クリソライト） 2個
- ㋗石座（#4401用/3mm/ゴールド） 2個
- ㋘コットンパール（10mm/ホワイト） 2個
- ㋙スカシパーツ花六弁（15mm/ゴールド） 2個
- ㋚丸ピン（0.6×30mm/ゴールド） 2本
- ㋛イヤリング金具（蝶バネ/ゴールド） 1組

|道 具|

- 丸ヤットコ
- 平ヤットコ
- ニッパー
- 接着剤

How to make

1 石座にそれぞれスワロフスキーをとめる。

2 透かしパーツに1を接着剤で接着する。

3 2の裏にイヤリング金具を接着する。

4 コットンパールに丸ピンを通し、余分なピンをカットし、先を丸める。

5 3の接着部分が乾いたら、4の丸めたピンの先を開いてつなぐ。

no.07 パールとお花のピアス ► P.31

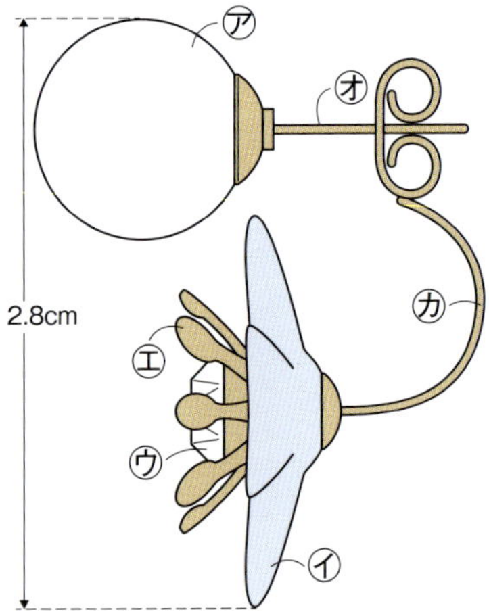

|材 料|

・㋐パール（10mm/ホワイト） 2個
・㋑アクリルフラワー
（五弁花/18mm） 2個
・㋒スワロフスキー #1088
（6mm/クリア） 2個
・㋓金属パーツ（ゴールド） 2個
ピアス金具
・㋔ポスト（芯立付/ゴールド） 1組
・㋕キャッチ（芯立付/ゴールド） 1組

|道 具|

・UVレジン
・UVライト
・接着剤

How to make

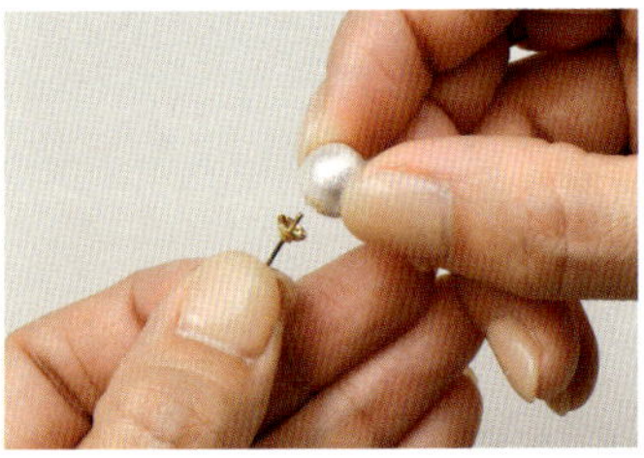

1 ピアスポストに、接着剤でパールをつける。

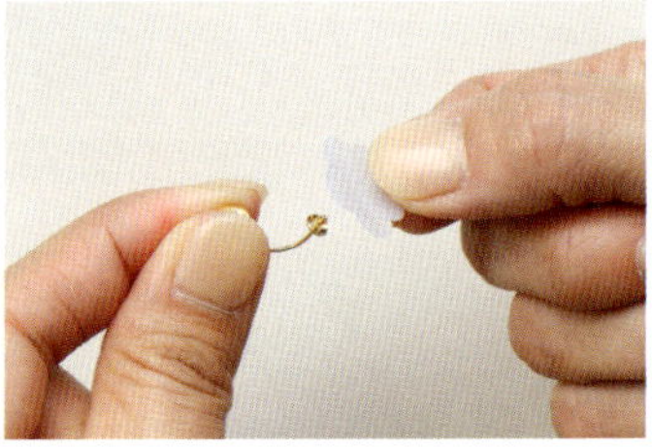

2 ピアスキャッチにアクリルフラワーをレジンで固定し、UVライトで2分硬化させる。

3 2に金属パーツをレジンで固定し、UVライトで2分硬化させる。

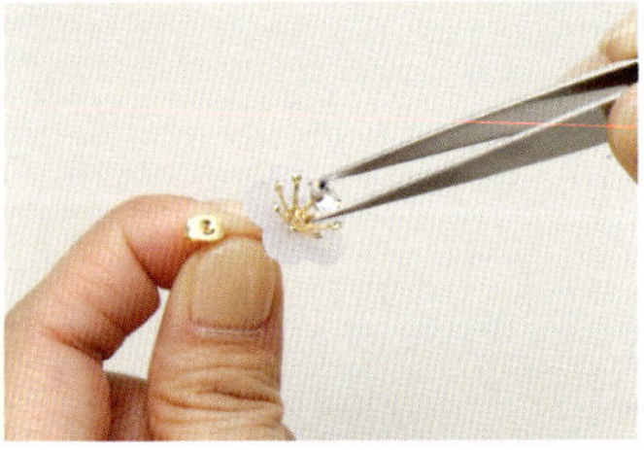

4 3にスワロフスキーをレジンで固定し、UVライトで2分硬化させる。

point

芯立付ピアスキャッチは、ピアスポストとセットで使います。キャッチにもパーツをつけることができるので、耳元が華やかな印象になります。

no.08 リーフとビジューのピアス ▶ P.32

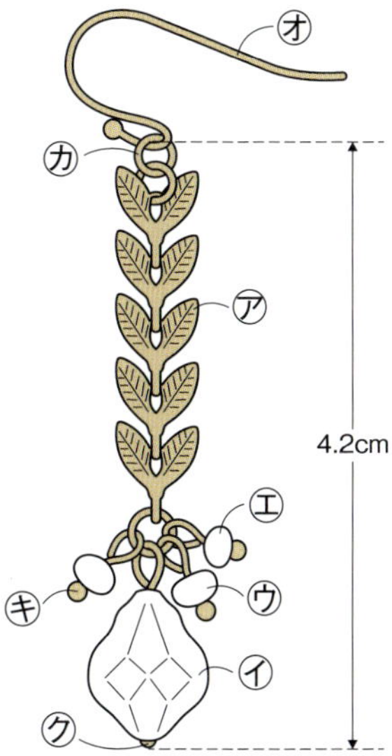

材料

- ㋐デザインチェーン（k-354/ゴールド） 2.5cm×2本
- ㋑スワロフスキー #5058（10mm/クリスタルゴールデンシャドー） 2個
- ㋒淡水パール（2.5mm/ホワイト） 4個
- ㋓淡水パール（1.5mm/ホワイト） 2個
- ㋔ピアス金具（真鍮U字大/ゴールド） 1組
- ㋕丸カン（0.7×3.5mm/ゴールド） 6個
- ㋖丸ピン（0.5×20mm/ゴールド） 6本
- ㋗丸ピン（0.6×30mm/ゴールド） 2本

道具

- 丸ヤットコ
- 平ヤットコ
- ニッパー

How to make

1 スワロフスキーに丸ピン㋗を通し、余分なピンをカットし、先を丸める。

2 チェーンに1を丸カンでつなぐ。

3 淡水パールにそれぞれ丸ピン㋖を通し、余分なピンをカットし、先を丸める。

4 3の丸めたピンの先を開き、2につなぐ。

5 4とピアス金具を丸カンでつなぐ。

このデザインチェーンは、葉の真ん中をニッパーで簡単に切れます。切るときには、切りたい場所の1コマ先の輪を切りましょう。

no.09 揺れる連爪ピアス

► P.32

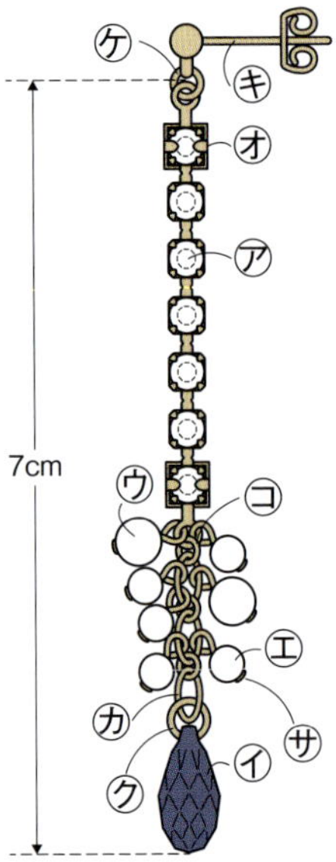

材料

- ㋐連爪#110（クリスタルゴールド）　7粒×2本
- ㋑スワロフスキー#6010（11×5.5cm/グラファイト）　2個
- ㋒シルキーパール（4mm/クリーム）　4個
- ㋓シルキーパール（3mm/クリーム）　10個
- ㋔チェーンエンド#110（1連/ゴールド）　4個
- ㋕チェーン（k-196 1.5cm/ゴールド）　2本
- ㋖ピアス金具（カン付/ゴールド）　1組
- ㋗丸カン（0.7×4mm/ゴールド）　2個
- ㋘丸カン（0.7×3.5mm/ゴールド）　2個
- ㋙丸カン（0.6×3mm/ゴールド）　2個
- ㋚Tピン（0.6×20mm/ゴールド）　14本

道具

- 丸ヤットコ
- 平ヤットコ
- ニッパー

How to make

1 連爪の両端をチェーンエンドにはめこむ。

2 連爪、丸カン㋙、チェーン、丸カン㋗、スワロフスキーの順につなぐ。

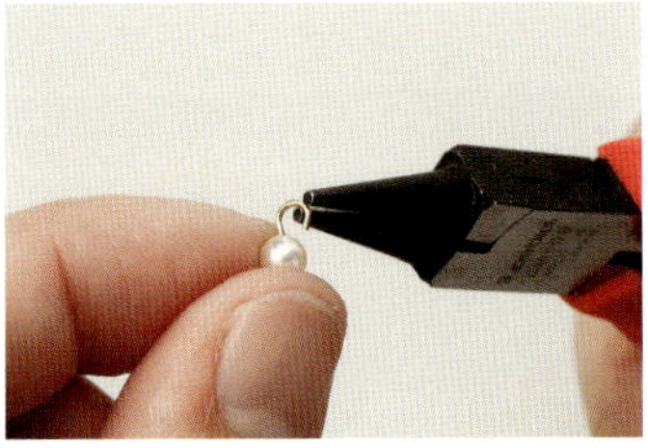

3 パールにTピンを通し、余分なピンをカットし、先を丸める。

4 チェーン部分に3のパール㋒を2個、パール㋓を5個つける。

5 ピアス金具と4を丸カン㋘でつなぐ。

Arrange

スワロフスキーの色を変え、金具をイヤリングに変えてみました。連爪も様々な色があるので、スワロフスキーの色と合わせて、選んでみましょう。

no.10 チューブと青いチェコビーズのピアス ► P.33

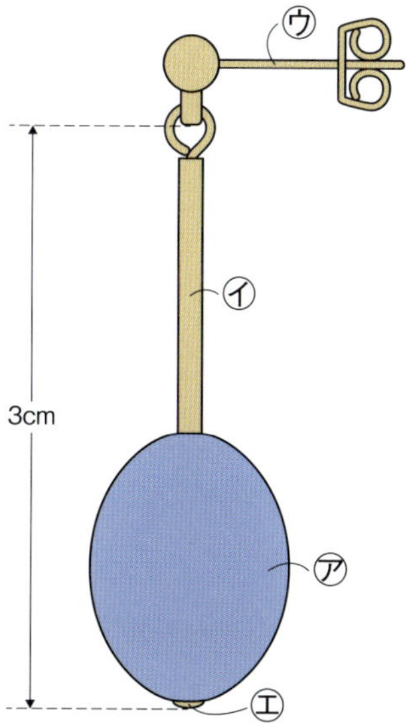

|材料|

- ㋐チェコビーズ
  （オーバル 14×11mm/ブルー） 2個
- ㋑メタルパーツ
  （丸パイプ 15mm/ゴールド） 2本
- ㋒ピアス金具（カン付/ゴールド） 1組
- ㋓ Tピン（0.7×35mm/ゴールド） 2本

|道具|

- 丸ヤットコ
- 平ヤットコ
- ニッパー

How to make

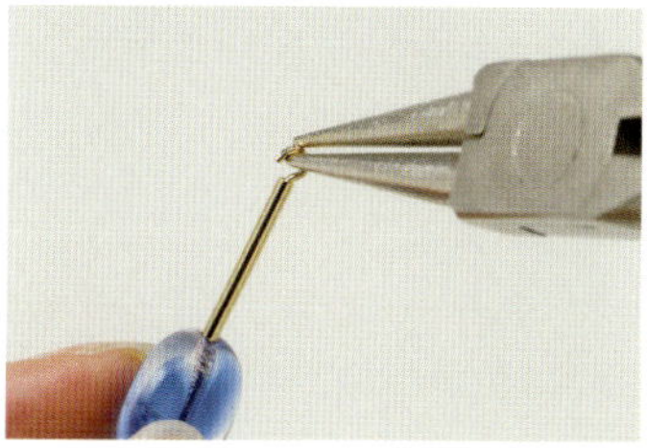

1 Tピンにチェコビーズ、丸パイプの順に通し、余分なピンをカットし、先を丸める。

2 パーツを通したところ。

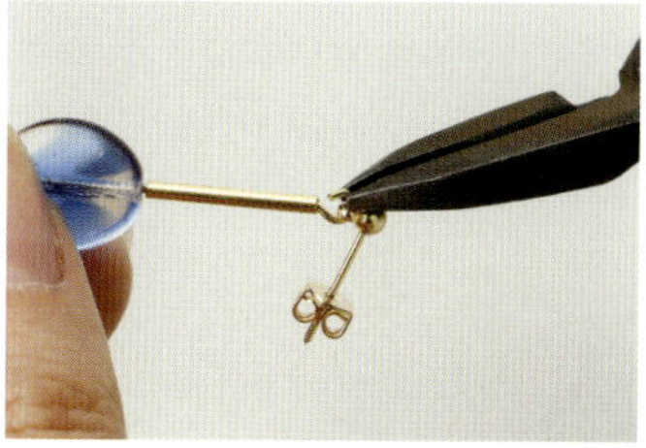

3 丸めたTピンの先を開き、ピアス金具とつなぐ。

Arrange

チェコビーズの色を暖色系にするとシックになり、秋冬にぴったりです。チェコビーズもつやのあるタイプ、つやのないマットなタイプとあるので、お好みで選びましょう。

no.11 ビーズとリボンのピアス ►P.33

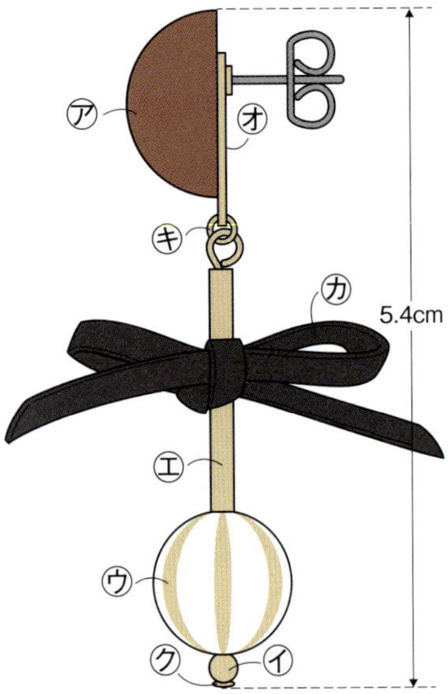

材料

- ㋐アクリル半丸（14mm/べっ甲） 2個
- ㋑メタルビーズ（丸3mm/ゴールド） 2個
- ㋒アクリルビーズ（12mm/スジ入） 2個
- ㋓メタルパーツ（丸パイプ 20mm/ゴールド） 2本
- ㋔ピアス金具（丸皿10mmカン付/ゴールド） 1組
- ㋕合成皮革スエードテープ（オリーブグリーン） 20cm×2本
- ㋖丸カン（0.6×3mm/ゴールド） 2個
- ㋗Tピン（0.7×60mm/ゴールド） 2本

道具

- 丸ヤットコ
- 平ヤットコ
- 接着剤

How to make

1 ピアス金具にアクリル半丸を接着剤でつける。

2 スエードテープでリボンをつくり、結び目に丸カンを通す（丸カンのつなぎ目を、中に入れる）。リボンの結び目に接着剤をつける。

3 Tピンにメタルビーズ、アクリルビーズ、丸パイプの順に通し、Tピンの先を丸める。

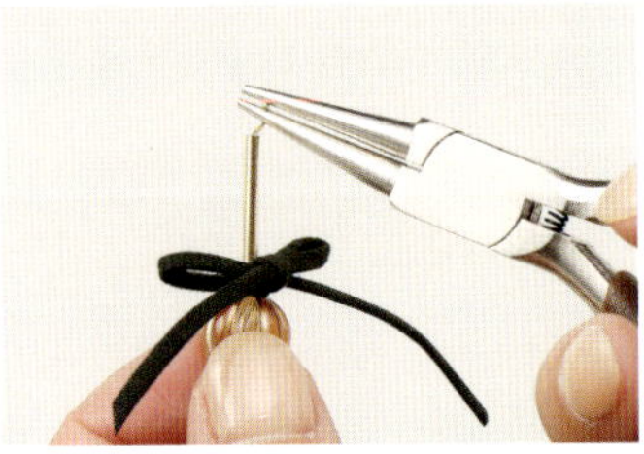

4 3の丸めたTピンの先を開き、2を通す。先を丸める

5 1と4を丸カンでつなぐ。

Arrange

アクリル半玉の色を変えました。ビーズと色味を揃えると、大人っぽい印象に。

no.12 華やか片耳パールピアス ► P.34

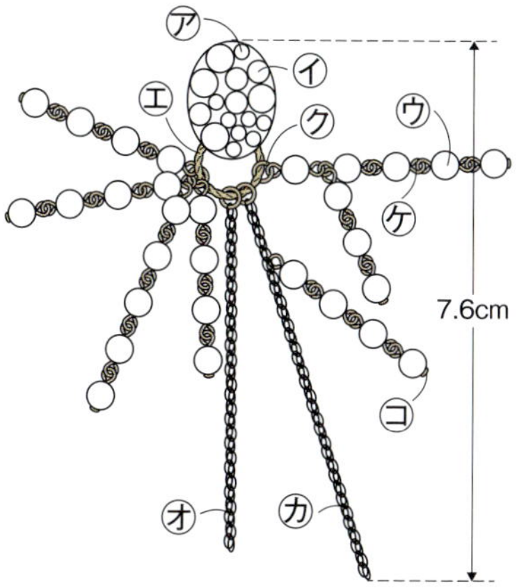

|材 料|

- ㋐パール(2mm/ホワイト) 8個
- ㋑パール(3mm/ホワイト) 4個
- ㋒パール(4mm/ホワイト) 33個
  (型に4個、ピンにつなぐ用に29個)
- ㋓デザインフープ
  (10mm/ゴールド) 1個
- ㋔チェーン(ゴールド) 5.5cm
- ㋕チェーン(ゴールド) 6cm
- ㋖ピアス金具
  (丸皿 6mm/ゴールド) 1個
- ㋗丸カン(0.7×4mm/ゴールド) 4個
- ㋘9ピン(0.5×12mm/ゴールド) 22本
- ㋙Tピン(0.5×14mm/ゴールド) 7本

|道 具|

- レジン型
  (15×20×6mm)
- クリアファイル
- UVレジン
- UVライト
- つまようじ
- 丸ヤットコ
- 平ヤットコ

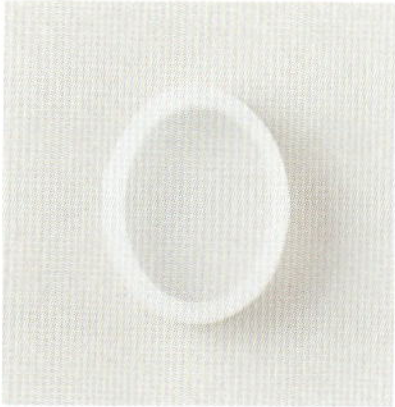

How to make

1 型にパール㋐8個、㋑4個、㋒4個を並べ、レジンを型いっぱいまで流し入れ、UVライトで5~6分硬化させる。型から取り出し、表面に薄くレジンを塗り、UVライトで1~2分硬化させる。

2 4mmパール7個にTピンを通し、余分なピンをカットし、先を丸める。4mmパール22個に9ピンを通し、余分なピンをカットし、先を丸める。

3 2のパールとチェーンを写真のようにそれぞれつなぐ。

4 1の裏面にピアス金具とフープをレジンで固定し、UVライトで1~2分硬化させる。全体にレジンを塗り、UVライトで5~6分硬化させる。

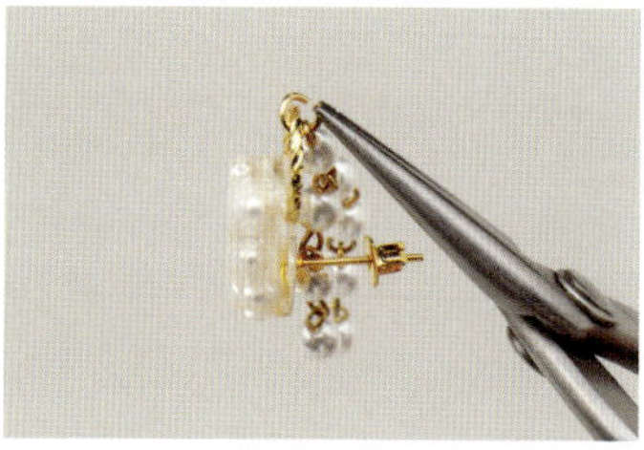

5 4のフープに丸カンで3をそれぞれつなぐ。

no.13 ガラスビーズのフープピアス ► P.35

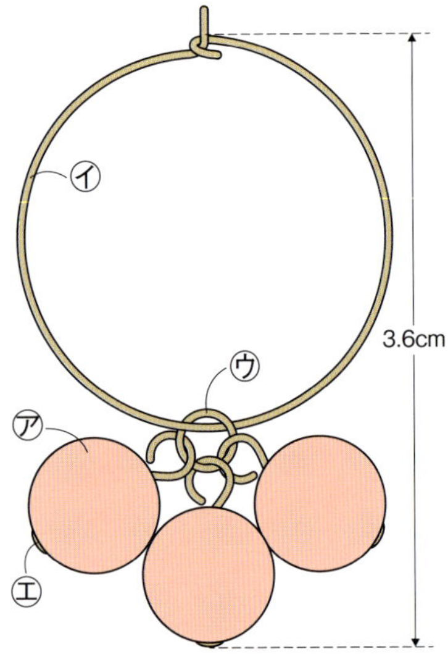

|材料|

- ㋐ガラスビーズ
  （メロン8mm/フューシャオレンジ） 6個
- ㋑ピアス金具
  （ワイヤーフープ/25mm/ゴールド） 1組
- ㋒丸カン（0.7×4mm/ゴールド） 2個
- ㋓Tピン（0.6×15mm/ゴールド） 6本

|道具|

- 丸ヤットコ
- 平ヤットコ
- ニッパー

How to make

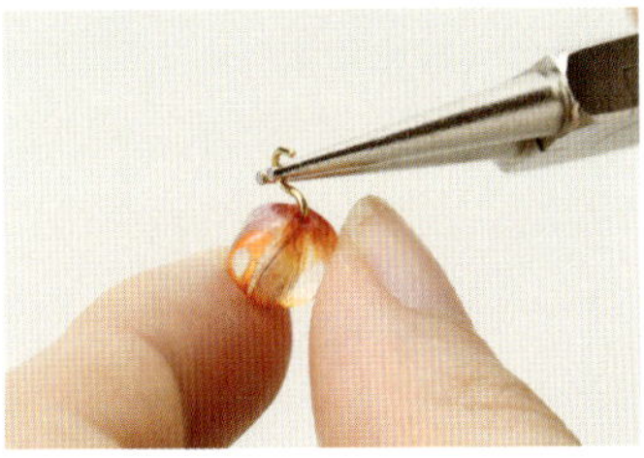

1 ガラスビーズにそれぞれTピンを通し、余分なピンをカットし、先を丸める。

2 丸カンに1を3つ通してとじる。

3 フープピアスに通す。

Arrange

フープピアスをシルバーにし、ガラスビーズも合わせて寒色系の青にしました。夏にぴったりなアレンジです。

no.14 さざれ石のフープピアス

► P.35

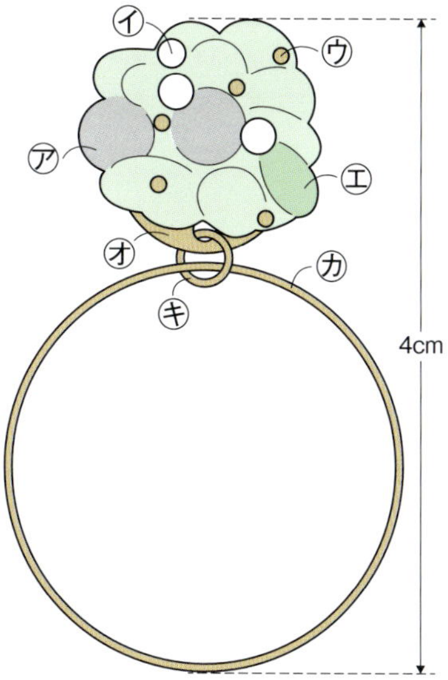

|材 料|

- ㋐天然石 さざれ石（アソート） 適量
- ㋑樹脂パール（無穴/1mm/ホワイト） 6個
- ㋒ブリオン（1mm/ゴールド） 10個
- ㋓チェコガラス（4×6mm/クリア） 8個
- ㋔ピアス金具（平皿 10mm/ゴールド） 1組
- ㋕メタルフープ（25mm/ゴールド） 2個
- ㋖丸カン（0.7×4mm/ゴールド） 2個

|道 具|

- UVレジン
- UVライト
- クリアファイル
- 洗濯ばさみ
- つまようじ
- 丸ヤットコ
- 平ヤットコ

How to make

1 ピアス金具の平皿の上に、つまようじで薄くレジンを塗り、さざれ石とチェコガラスを少しのせて、UVライトで2分硬化させる。これを2~3回くり返す。

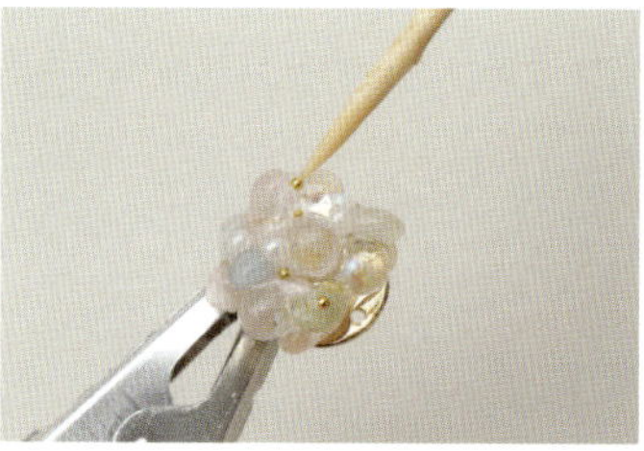

2 パール、ブリオンをさざれ石のすき間に散らす。レジンを上からのせて、UVライトで5分硬化させる。

3 丸カンで2の穴とフープをつなぐ。

point

ピアス金具を作業中に固定するには、洗濯ばさみがおすすめです。

no. 15 スクエアピアス ► P.36

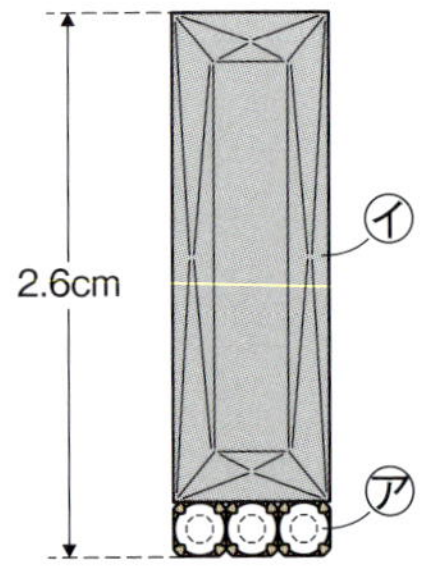

|材 料|

- ㋐連爪 #101
（クリスタル/ゴールド）　6粒
- ㋑アクリル レクタングル
（24×8mm/
ホワイトグレーマーブル）　2個
- ㋒ ピアス金具
（丸皿 4mm/ゴールド）　1組

|道 具|

- UVレジン
- UVライト
- クリアファイル
- ニッパー
- 接着剤

How to make

1 連爪を3粒つなげたまま、ニッパーでカットする。

2 出ている端をカットしておく。

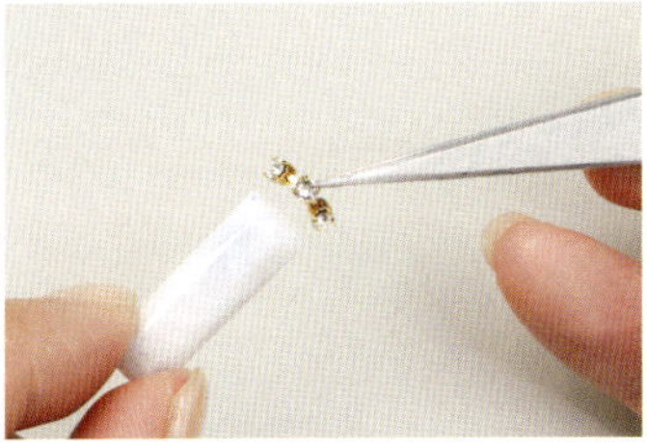

3 2をレクタングルの下の縁にレジンで固定し、UVライトで3分硬化させる。

4 裏面にピアス金具を接着剤でつける。

Arrange

レクタングルの色をピンクにアレンジ。やさしい印象の仕上がりになります。下につける連爪もほかに色があるので、レクタングルの色味と合わせて選んでみましょう。

no.16 ラピスのチェーンピアス ► P.36

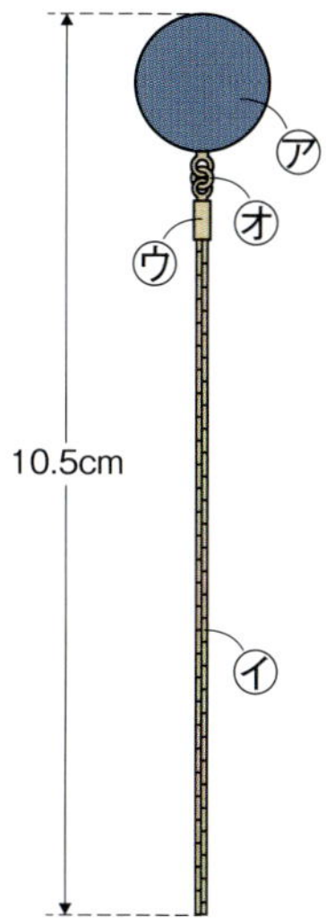

|材 料|

- ㋐アクリル カボションラウンド
  （18mm/ラピス） 2個
- ㋑チェーン
  （235SA55DC4/ゴールド） 16cm
- ㋒カシメ（1.2mm/ゴールド） 2個
- ㋓ピアス金具
  （丸皿 10mmカン付/ゴールド） 1組
- ㋔丸カン（0.6×3mm/ゴールド） 2個

|道 具|

- 丸ヤットコ
- 平ヤットコ
- ニッパー
- 接着剤

How to make

1 アクリルカボションラウンドの裏面にピアス金具を接着剤でつける。

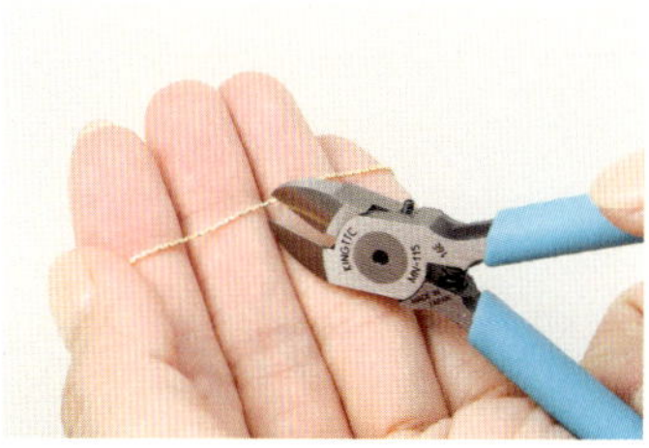

2 チェーンを8cmにカットする。

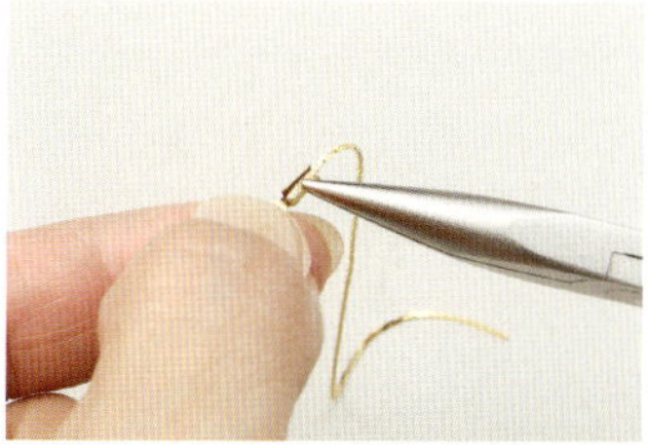

3 カシメに接着剤をつけて2の端を入れ、カシメをとじる。

4 カシメをとじたところ。

5 1に4を丸カンでつなぐ。

Arrange

アクリルカボションラウンドをグレーに替えました。ラピスのときは、夏らしい色でしたが、グレーになるとまた違った印象になります。

no.17 小花のアメリカンピアス ► P.36

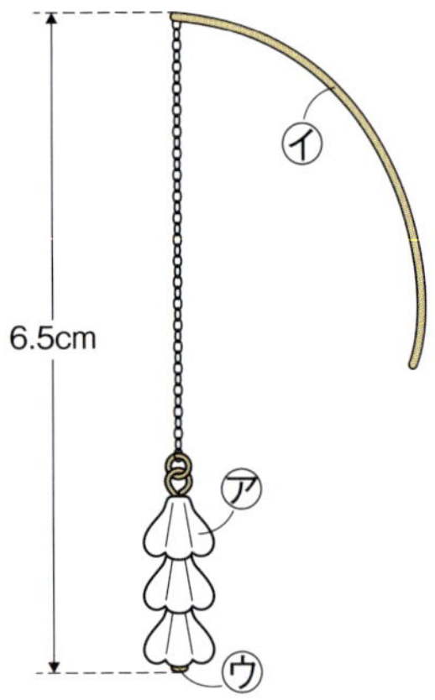

材 料

- ㋐チェコビーズ（ベルフラワー / シルクホワイトパール）　6個
- ㋑ピアス金具（アメリカン / ゴールド）　1組
- ㋒Tピン（0.6×25mm/ゴールド）　2本

道 具

- 丸ヤットコ
- 平ヤットコ
- ニッパー

How to make

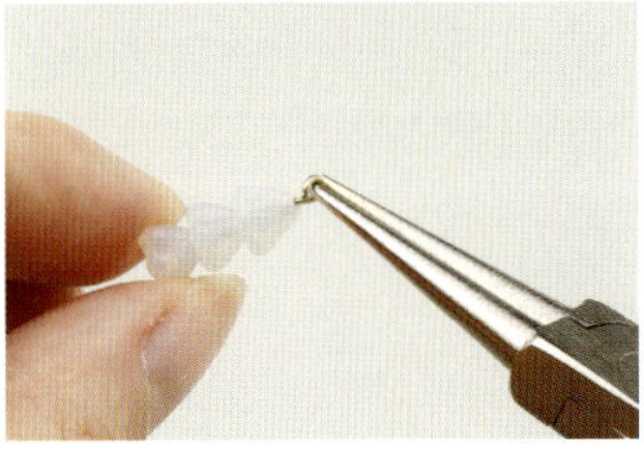

1 ビーズ3個にTピンを通し、余分なピンをカットし、先を丸める。

2 先を丸めたところ。

3 丸めたTピンの先を開き、ピアス金具とつなぐ。

Arrange

花のビーズの色をブルーにしました。色を替えるだけで、とてもさわやかな印象に。ピアス金具はシルバーもあるので、ビーズの色に合わせて変えてみましょう。

no.18 花のきらめくピアス ►P.37

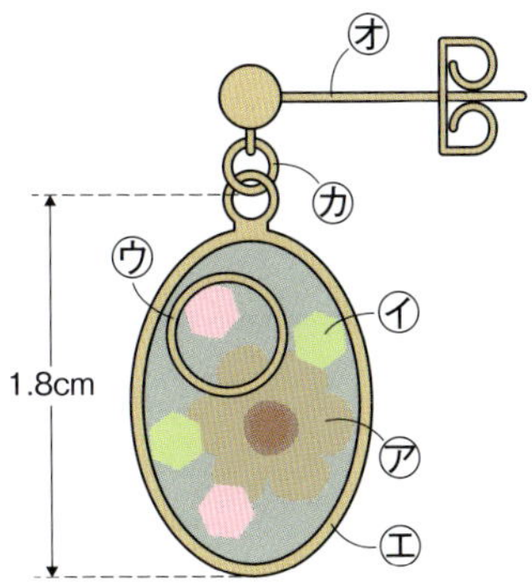

|材 料|

・㋐押し花（7～8mm/白系）	2個
・㋑ネイル用ラメ（2色）	少量
・㋒ミニメタル（ラウンド/ゴールド）	2個
・㋓ミール皿（カン付 1.5mm/ゴールド）	2個
・㋔ピアス金具（カン付/ゴールド）	1組
・㋕丸カン（0.6×3mm/ゴールド）	2個

|道 具|

・アクリル絵の具（グレー）
・筆
・UVレジン
・UVライト
・クリアファイル
・つまようじ
・丸ヤットコ
・平ヤットコ

How to make

1 ミール皿に絵の具を塗り、乾かす。くり返し塗り、濃いめにする。

2 絵の具が乾いたら、レジンをつまようじで薄く塗り、花とミニメタルを入れ、UVライトで1~2分硬化させる。

3 レジンを入れて、ラメを置き、つまようじで整える。UVライトで1~2分硬化させる。

4 レジンをぷっくりとなるようにのせ、UVライトで5分硬化させる。

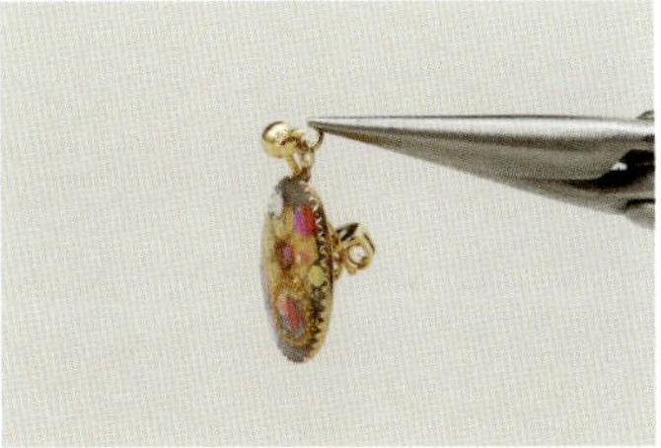

5 ピアス金具と4を丸カンでつなぐ。

no.19 レジンのバーピアス ► P.37

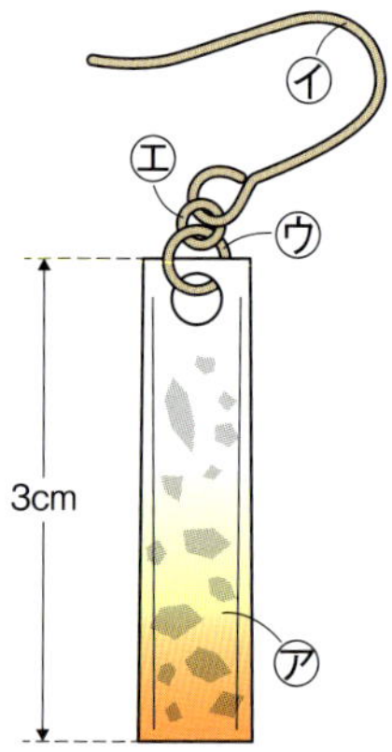

|材 料|

- ㋐シェルパウダー
  （白、黄色、オレンジなど3色） 各適量
- ㋑ピアス金具
  （カン付 U字/ゴールド） 1組
- ㋒丸カン（0.7×5mm/ゴールド） 2個
- ㋓丸カン（0.6×3mm/ゴールド） 2個

|道 具|

- レジン型
  （25×5×5mm）
- UVレジン
- UVライト
- 厚紙
- マスキングテープ
- つまようじ
- 丸ヤットコ
- 平ヤットコ

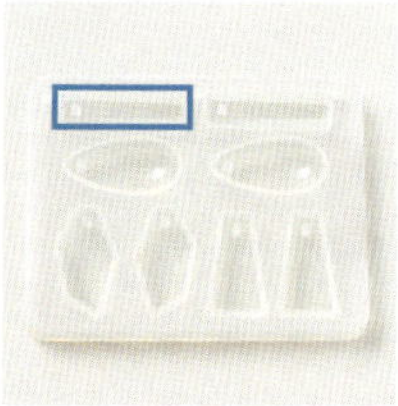

How to make

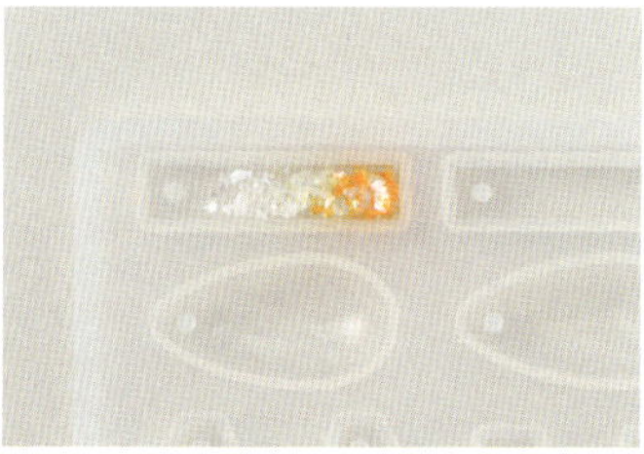

1 レジン型にレジンを半分程流し入れる。シェルを濃い色から順にまぶし入れ、このとき気泡があれば、つまようじで取り除く。

2 型いっぱいになるまでレジンを流し込み、UVライトで5分硬化させる。

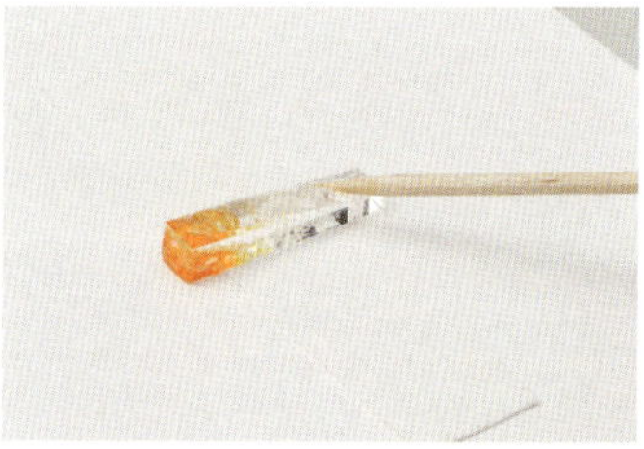

3 型からレジンパーツを取り出し、表面にレジンをつまようじで薄くのばしてもう一度UVライトで5分硬化させる。

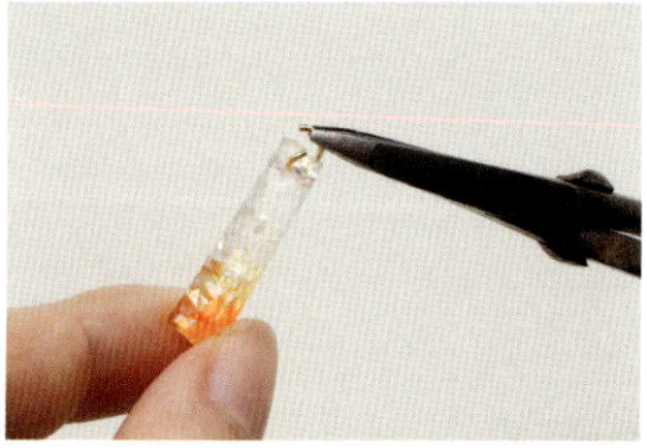

4 レジンパーツに大きい丸カンをつなぐ。

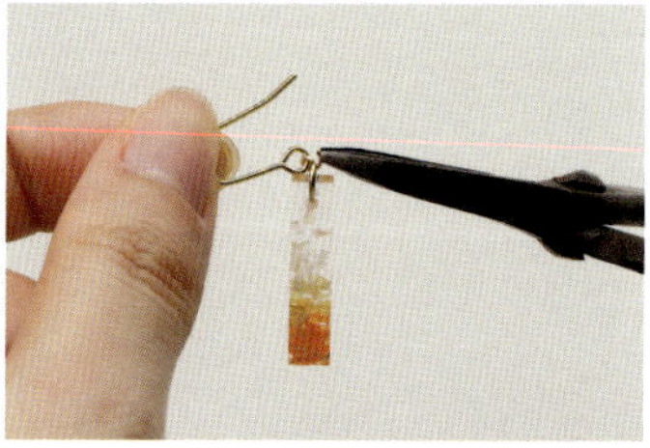

5 小さい丸カンで4とピアス金具をつなぐ。

Arrange

レジン型を替えてみました。中に入れるシェルパウダーにもいろんな色があるので、グラデーションになるように選んで組み合わせてみましょう。

no.20 オーバルのクリアピアス

► P.37

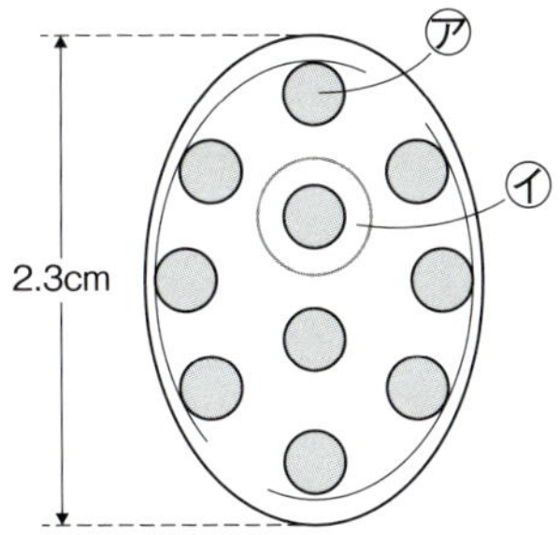

|材料|

- ㋐無穴パール（3mm/ホワイト）　20個
- ㋑ピアス金具（丸皿 6mm/樹脂透明）　1組
- ㋒マニキュア（トップコート）　適量

|道具|

- レジン型（15×20×5mm）
- UVレジン
- UVライト
- クリアファイル
- つまようじ

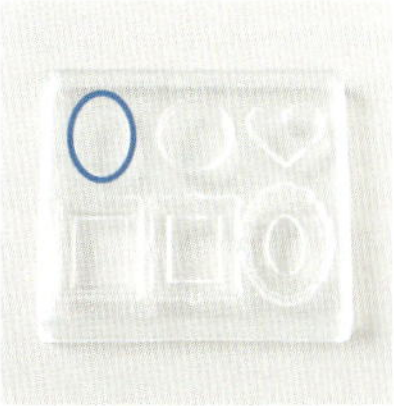

How to make

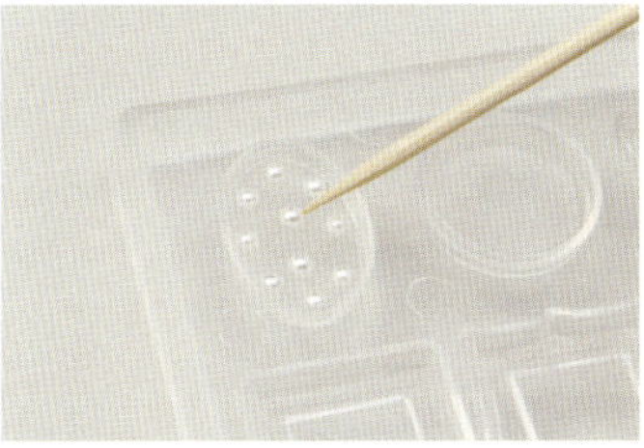

1 レジンを型に半分まで流し込む。パールを均等に10個並べる。気泡がある場合は、つまようじでとり除く。

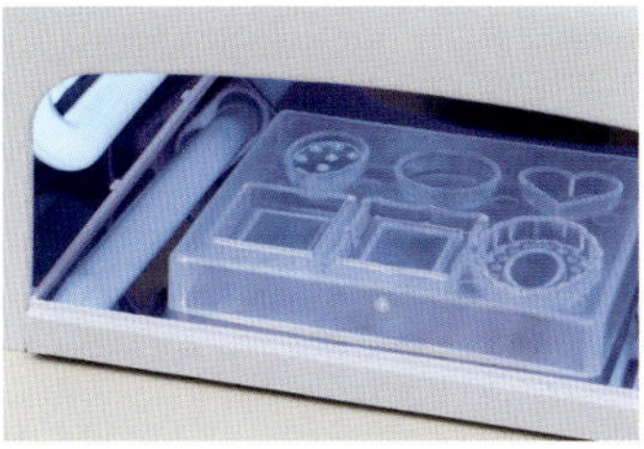

2 UVライトで2分硬化させる。

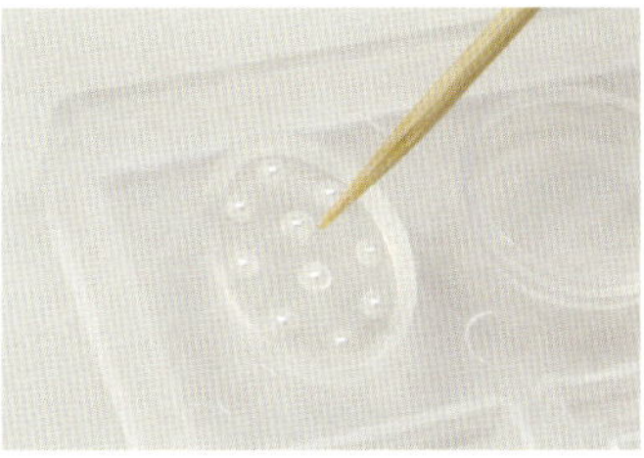

3 型の縁までレジンを流し込んでUVライトで2分硬化させる。固まったら型から取り出す。

4 裏面の上部にレジンを塗ってピアス金具を固定し、UVライトで2分硬化させる。

5 トップコートを表面、縁に塗り、乾かす。

no.21 花とクリスタルのピアス ► P.37

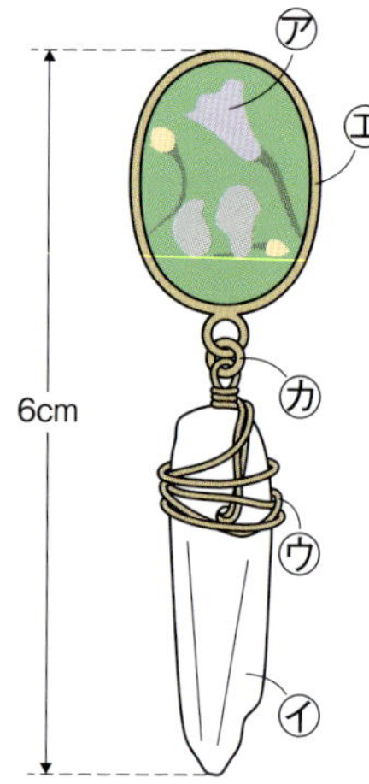

|材 料|

- ㋐ドライフラワー（数種類） 適量
- ㋑クリスタルスティック（2~3cm/クリスタルAB） 2個
- ㋒ワイヤー（#28/ゴールド） 30cm×2本
- ㋓ミール皿（カン付 13×18mm/ゴールド） 2個
- ㋔ピアス金具（丸皿 5mm/ゴールド） 1組
- ㋕丸カン（0.6×3mm/ゴールド） 2個

|道 具|

- アクリル絵の具（緑）
- 筆
- UVレジン
- UVライト
- クリアファイル
- つまようじ
- 丸ヤットコ
- 平ヤットコ
- 接着剤

How to make

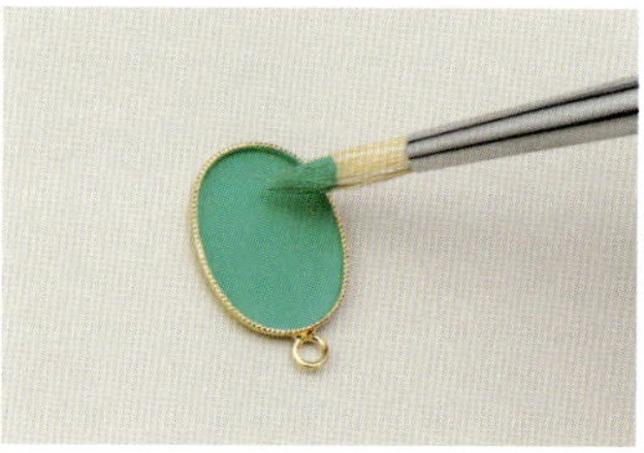

1 ミール皿に絵の具を塗り、乾かす。

2 絵の具が乾いたら、レジンをつまようじで薄く塗り、UVライトで1~2分硬化させる。ドライフラワーをちぎって入れ、レジンをぷっくりとのせて、UVライトで5~6分硬化させる。

3 クリスタルの穴にワイヤーを通し、巻きつけて上にカンをつくる。

4 丸カンで2と3をつなぐ。

5 ミール皿の裏にピアス金具を接着剤でつける。

no.22 インコのタッセルピアス

► P.38 型紙 ► P.65

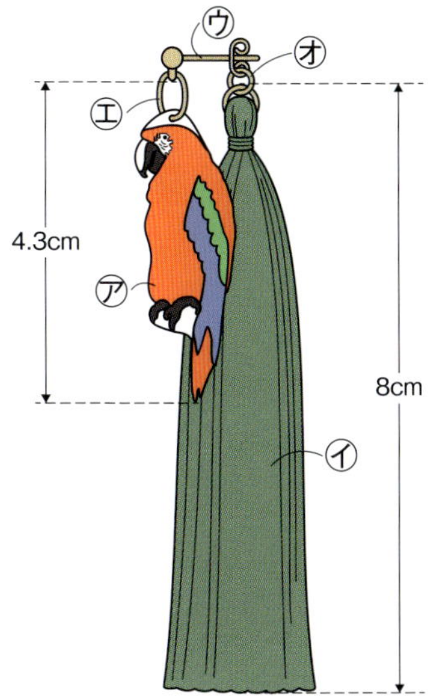

|材 料|

- ㋐プラバン（厚さ0.4mm） 6×10cm
- ㋑タッセル
  （緑/カン付の市販のもの） 1個
- ㋒ピアス金具（カン付/ゴールド） 1個
- ㋓Cカン（0.8×6mm/ゴールド） 1個
- ㋔丸カン（0.7×4mm/ゴールド） 1個

|道 具|

- ポスカ
  （赤、黒、青、緑）
- UVレジン
- UVライト
- クリアファイルまたは
  余ったプラバン
- 紙やすり（600番）
- 穴あけパンチ
  （3mm径）
- オーブントースター
- 布手袋
- 丸ヤットコ
- 平ヤットコ

How to make

プラバンの基本のテクニックはP.20参照

1 プラバンのやすりがけした面を表にし、図案に重ねてポスカで描き写す。

2 3mm径のパンチで上部に穴を開け、図案の外側の線を1mm残してカットする。（図案が細かいので割らないようにカットできる範囲でOK）

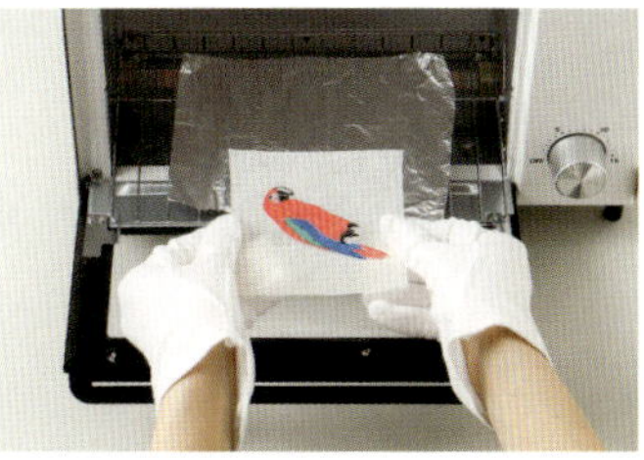

3 オーブントースターで、やすりがけした面を下にして焼く。プラバンが縮んで動きがとまったら、取り出してプレスする。

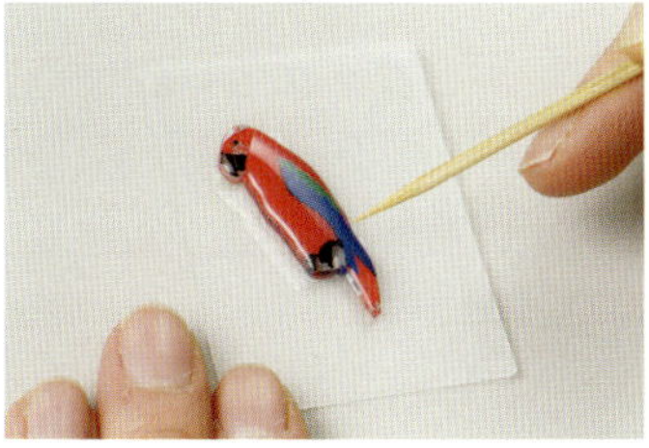

4 クリアファイルなどにのせて図案を描いた面にレジンをぽってりと塗り、UVライトで2～5分硬化させる。

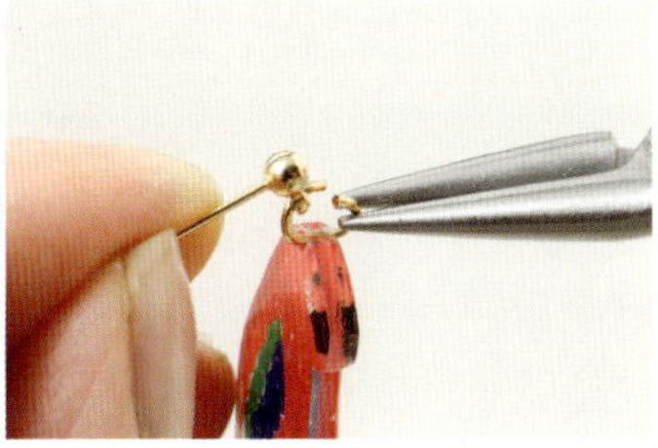

5 Cカンをプラバンの穴に通し、ピアス金具とつなぐ。タッセルは丸カンでキャッチにつける。

Arrange

タッセルの色を変えてピアス金具をイヤリング金具に替えました。市販のタッセルにも種類や色があるので、インコの色と組み合わせてみましょう。

no.23 コットンパールのころころピアス ►P.39

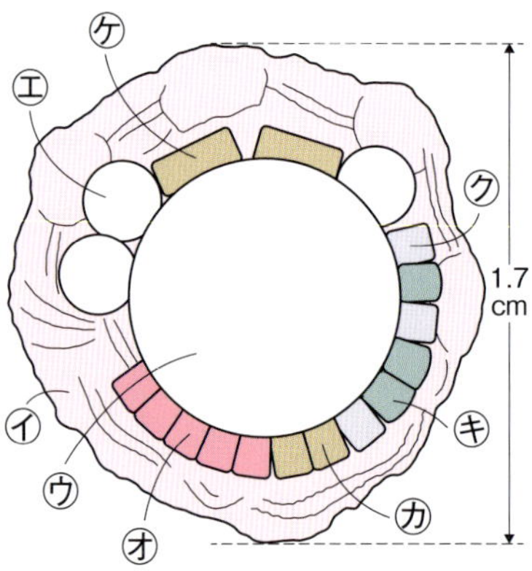

|材 料|

- ㋐フェルト（15×15mm/黒） 4枚
- ㋑ひき揃えの糸（好みで） 4.5cm×4本
- ㋒コットンパール（6mm/ホワイト） 2個
- ㋓パール（3mm/ホワイト） 6個
- ㋔ビーズ（1mm/ピンク） 10個
- ㋕ビーズ（1mm/ゴールド） 4個
- ㋖ビーズ（1mm/グリーン） 6個
- ㋗ビーズ（1mm/グレー） 6個
- ㋘ 竹ビーズ（3mm/ゴールド） 4個
- ㋙スカシパーツ花八弁（10mm/ゴールド） 2個
- ㋚ピアス金具（丸皿 6mm/ゴールド） 1組

|道 具|

- 手縫い糸（黒、白）
- 縫い針
- ボンド
- つまようじ
- UVレジン
- UVライト

point

ひき揃えの糸
何種類かの糸を合わせた糸。何本かをまとめて1本の糸として使うので、模様や色味が個性的な仕上がりになります。

How to make

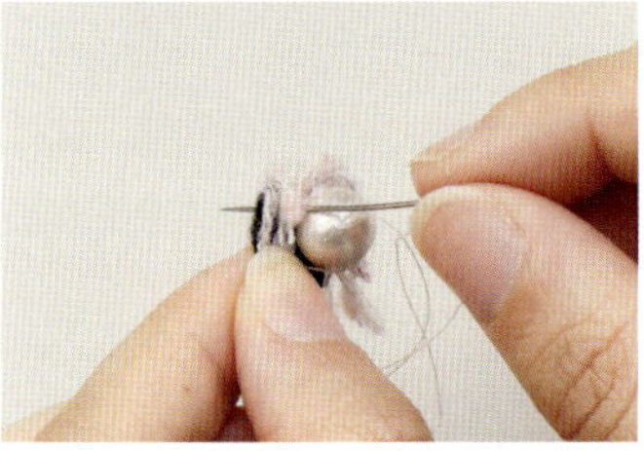

1 フェルトを丸く切り、1枚にコットンパール㋒を縫いつける。ひき揃えの糸をその周りに巻き、縫いとめる。もう1束のひき揃え糸も、巻いて縫いとめる。

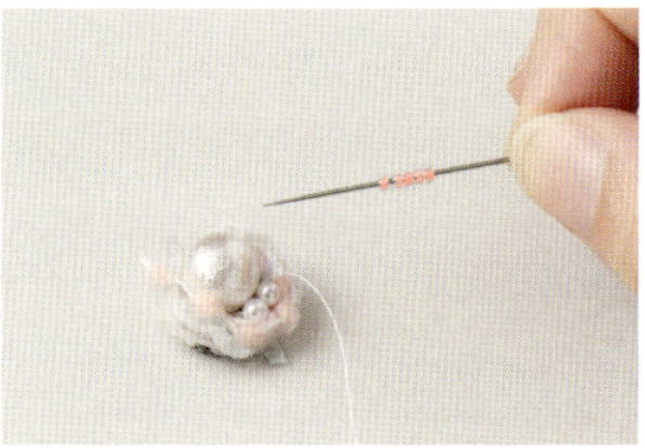

2 パール㋓3個をそれぞれ縫いとめる。ビーズはまとめて針に通し、それぞれ縫いとめる。

3 もう一枚のフェルトにスカシパーツを縫いつける。

4 ボンドで2と3を接着し、縁を糸でまつる。コットンパールの根元もボンドで接着する。

5 スカシパーツに薄くレジンを塗り、UVライトで1~2分硬化させる。ピアス金具をレジンで固定し、UVライトで1~2分硬化させる。

6 パーツ全体にレジンを塗り、UVライトで5分硬化させる。

no.24 ザラメピアス ► P.39

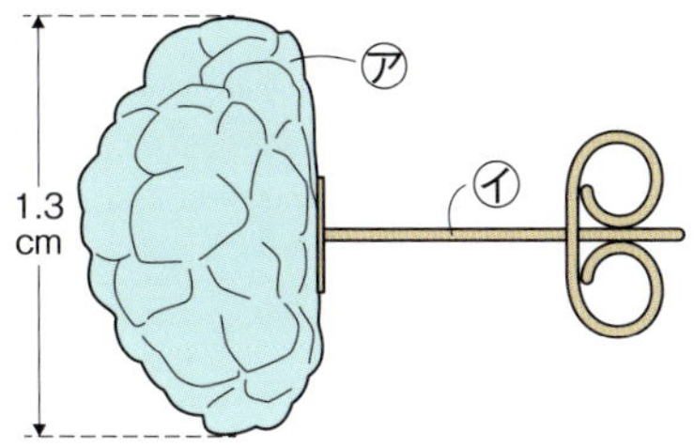

|材 料|

・㋐プラバン
（厚さ0.3mm）　8×5cm×2枚
・㋑ピアス金具
（丸皿 6mm/ゴールド）　1組

|道 具|

・パステル（白、水色）
・紙やすり（600番）
・穴あけパンチ
（6mm径）
・オーブントースター
・布手袋
・ニス
・筆
・接着剤

How to make

プラバンの基本のテクニックはP.20参照

1 やすりにパステルを塗り、粉末状にする。プラバンの上部に水色、下部に白をそれぞれ指でプラバンにすり込む。

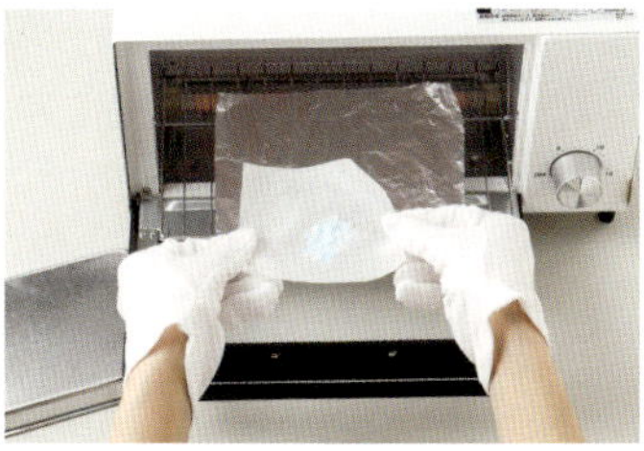

2 6mm径のパンチで、プラバンにまんべんなく穴をあけ、細かく型抜きする。抜いたプラバンをクッキングシートの中心にまとめ、オーブントースターで焼く。

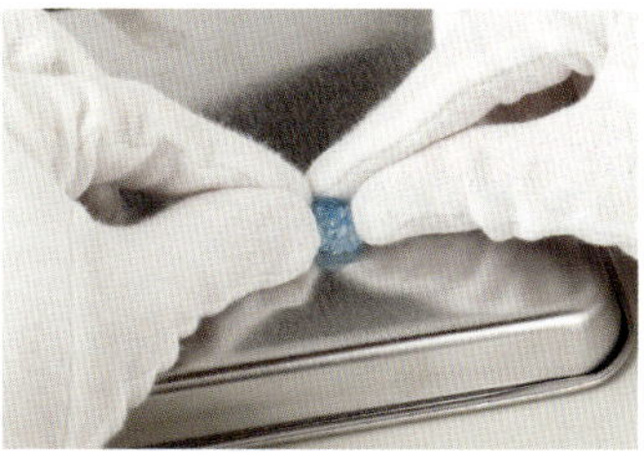

3 プラバンが縮んで動きがとまったら、熱いうちに手袋をはめた指先で丸めて形を整える（やけどに注意）。

4 丸めたプラバンにニスを少量塗り、乾かす。

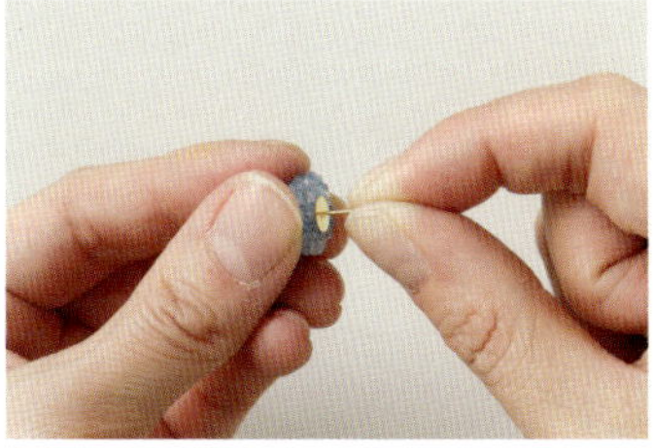

5 乾いたら、裏面にピアス金具を接着剤でつける。

Arrange

パステルの色を黒に変えると、シックな印象になります。画材としてたくさんの色があるので、お好みの色でアレンジしてみましょう。

no.25 タッセルとビジューのイヤリング ► P.39

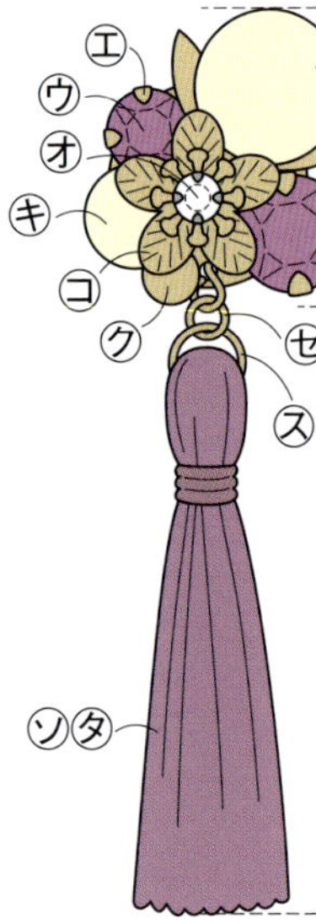

|材 料|

- ㋐スワロフスキー #1088（約8mm/バーガンディ） 2個
- ㋑石座（#1088用/約8mm/ゴールド） 2個
- ㋒スワロフスキー #1088（約6mm/アメジスト） 2個
- ㋓石座（#1088用/約6mm/ゴールド） 2個
- ㋔スワロフスキー #53200（約4mm/クリスタル） 2個
- ㋕コットンパール（10mm/キスカ） 2個
- ㋖コットンパール（6mm/キスカ） 2個
- ㋗樹脂パール（4mm/ブライトゴールド） 2個
- ㋘樹脂パール（3mm/ブライトゴールド） 2個
- ㋙メタルパーツフラワー（五弁花芯付 10mm/ゴールド） 2個
- ㋚メタルパーツ リーフ（8×4mm/ゴールド） 4個
- ㋛イヤリング金具（シャワー付 15mm/ゴールド） 1組
- ㋜丸カン（10×6mm/ゴールド） 2個
- ㋝丸カン（0.7×3.5mm/ゴールド） 2個
- ㋞シルク糸（30番/えび茶） 適量
  ※写真は20cm×30回巻
- ㋟シルク糸（50番/濃い紫） 適量
  ※写真は20cm×30回巻

|道 具|

- テグス（3号）
- 厚紙（タッセル用 5×10cm）
- 丸ヤットコ
- 平ヤットコ
- 接着剤

タッセル用台紙

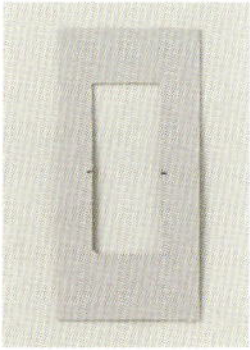

How to make

※つくり方では、わかりやすいようにテグスに色をつけています

[モチーフのつくり方]

1 石座にそれぞれスワロフスキーをとめる。テグスを60cmを2本切る。

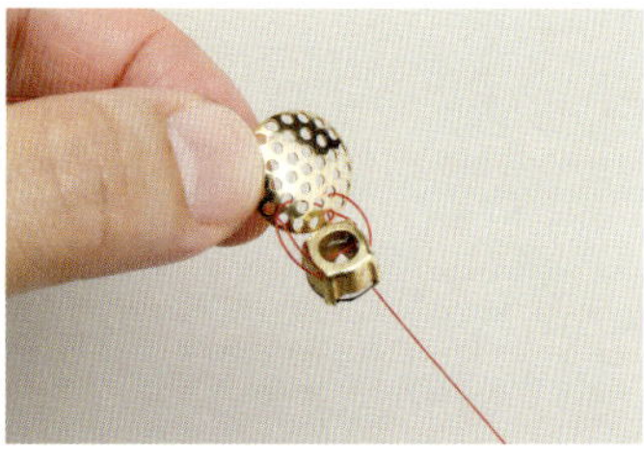

2 シャワー台に1の㋐㋑をテグスで縫いとめる。

3 パール㋕、1の㋒㋓、リーフパーツをバランスよく縫いとめる。続けて、パール㋖、リーフパーツ、樹脂パール㋗㋘の順に縫いつける。

4 中央にメタルパーツフラワー、㋔をのせるように縫いつける。

5 すべて縫いつけたところ。

6 下の端に9ピンを通し、抜けないように裏で丸める。もうひとつは左右対称につくる。

[タッセルのつくり方]

7 イヤリング金具に6をつける。

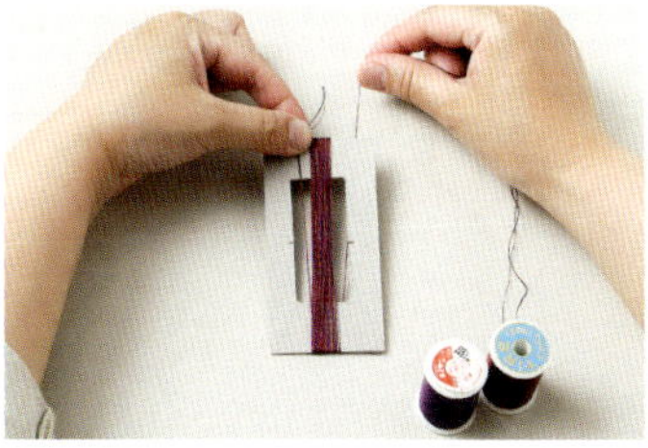

8 シルク糸㋞㋟を2本ひき揃えて厚紙に30回巻く。このとき、巻き始めと巻き終わりは結ばない。

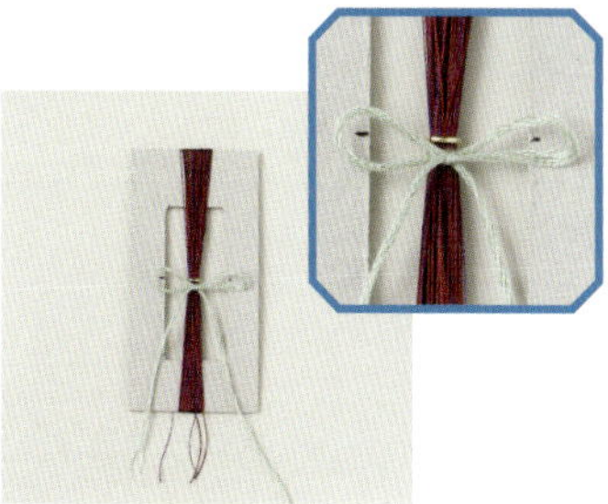

9 真ん中を糸などで結んで仮どめし、丸カン㋜をつける。

10 両端を切る。

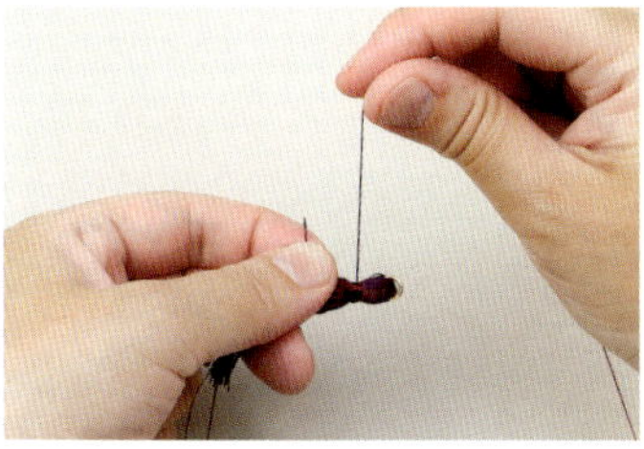

11 真ん中を折って、10回ほど糸で巻く、結び目に接着剤をつけて切る。

12 タッセルに紙を巻き、下の部分を揃えて切る。

13 7に、タッセルを丸カン㋝でつける。

point

タッセルを作るための道具「タッセルメーカー」があります。サイズも調整できて、便利です。タッセルメーカーがなくても、厚紙で代用できます。

point

タッセルの糸のクセを直すには、少し蒸気にあてて形を整えるとよいでしょう。

[実物大型紙]

no.22

穴あけの目安の位置

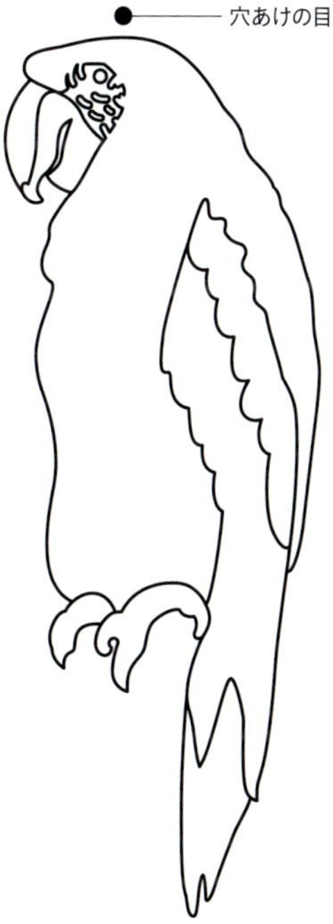

Column

デザインのポイント

自分でデザインを考えるポイントを紹介します。本書で作品を掲載しているデザイナーさんたちにアドバイスをお聞きしてみました。
「オリジナルデザインなのに、どこかで見たようなものになってしまう」「個性を出したい」などの悩みに、参考にしてみてください。

その 1

海外のサイトをチェックする

海外の通販サイトでパーツをチェックしてみましょう。国内では見かけない配色や、素材が販売されています。輸入元が日本国内にある、安心なサイトで購入するようにしましょう。

その 2

1点もののパーツを探す

作家さんが1点1点手作りしているパーツを使うのもおすすめ。手作りアイテムを扱うサイトや、作家さん自身のサイトなどで探してみましょう。どれも1点ものなので、表情が違っています。お好みのものを選んでみてください。

その 3

図案はまずは写すこと

オリジナルとして個性を出しやすいのは図案です。絵がうまければ問題ありませんが、苦手と感じている人は、まずはお気に入りのもの、絵本、雑誌、写真などを写して使ってみましょう。写しているうちに線の描き方などに慣れてくるでしょう。

その 4

気になったパーツはひとまず購入

定番の金具、パーツは定番商品としてずっと販売されていますが、季節物、トレンドのものなどは、翌年には廃番となってしまうことも。もしくは、サイズやパーツの形がリニューアルされることもしばしば。気になったらすぐ購入しておくことをおすすめします。

PART 3

NECKLACE

ネックレス

no.26
デザイン丸カンと ビーズのネックレス

小さめなモチーフが華奢で女性らしいシンプルなデザインです。

How to make ► P.74
Design pul

no.27
トライアングルと パールのネックレス

三角とチューブの組み合わせがスタイリッシュなデザイン。

レジン How to make ► P.75
Design aco

no.28
花とスティックの 揺れるネックレス

シンプルなシャツに合わせると、目立ちます。

レジン How to make ► P.76
Design aco

no.29
イニシャル
ネックレス

イニシャルパーツとブリオンがキラリと光ります。

(レジン) How to make ► P.77
Design aco

no.30
ドライフラワーの
ネックレス

枠からつくります。中のお花が透明な中でアクセントに。

(レジン) How to make ► P.78
Design aco

no.31
コットンパールの
3粒ネックレス

縦につながったパールがデザイン性のあるネックレスです。

How to make ► P.79
Design nul

no.32
サークルネックレス

サークルの中でひと粒の石が揺れる可憐なネックレス。

How to make ► P.80
Design nul

no. 33

ひもとチェーンのネックレス

ひもは結んだり、ストンとたらしたり、お好みで。

How to make ► P.81

Design chouchou-fil

no.34
レースのチョーカー

きらめくクロスと、黒のレースが
女性らしさをアップ。

How to make ► P.82
Design Ambivalence

no.35
トライアングルと
パールのラリエット

華奢なチェーンとパールが大人の
女性らしいラリエット。

How to make ► P.83
Design chouchou-fil

no.36
羽根チャームの
ラリエット

胸元で羽根が揺れる、軽やかなチ
ェーンのラリエットです。

How to make ► P.84
Design chouchou-fil

no.37
リボンとコットンパール のロングネックレス

カジュアルにもお呼ばれにも使えるコットンパールのネックレス。

How to make ► P.85

Design chouchou-fil

no.38
フラワーリーフのネックレス

胸元が華やかになるパーツとグリーンがきれいな組み合わせ。

How to make ► P.86
Design Ambivalence

no.39
カラーコットンパールのロングネックレス

首の後ろにくるリボンが女性らしい。カラーパールを使いました。

How to make ► P.88
Design Ambivalence

no.26 デザイン丸カンとビーズのネックレス ►P.68

材料

- ㋐チェコビーズ
  (4mm/ホワイトオパール)　3個
- ㋑チェーンネックレス(38cm+
  アジャスター付/ゴールド)　1セット
- ㋒ デザイン丸カン
  (6mm/ゴールド)　1個
- ㋓ Tピン(0.5×15mm/ゴールド)　3本

道具

- 丸ヤットコ
- 平ヤットコ
- ニッパー

How to make

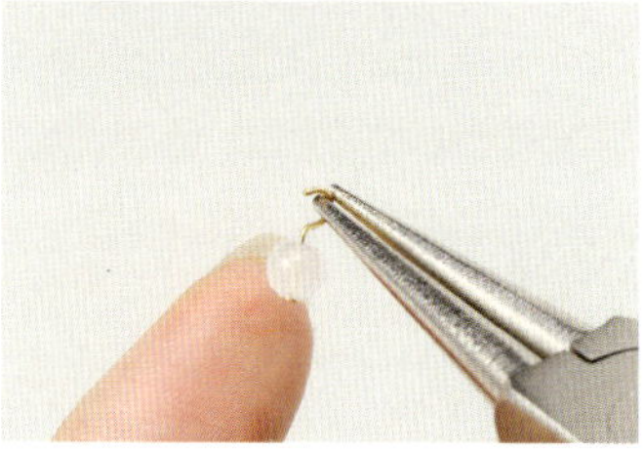

1 ビーズにそれぞれTピンを通し、余分なピンをカットし、先を丸める。

2 丸めたところ。

3 デザイン丸カンにチェーンと2を通し、つなぐ。

Arrange

ビーズの色をグリーンアベンチュリンにしました。かわいさはそのままで、さわやかな印象になります。

no.27 トライアングルとパールのネックレス ► P.68

材 料

- ㋐コットンパール（6mm/ホワイト） 6個
- ㋑メタルパーツ（丸パイプカーブ約3×40mm/ゴールド） 4本
- ㋒ドライフラワー（好みで） 少量
- ㋓シェルパウダー（クリア） 少量
- ㋔メタルフープ（三角 8×9mm/ゴールド） 3個
- ㋕チェーン（ゴールド） 41cm
- ㋖アジャスター（ゴールド） 1個
- ㋗カニカン（ゴールド） 1個
- ㋘Cカン（3.5×4.5mm/ゴールド） 3個
- ㋙丸カン（0.6×3mm/ゴールド） 8個

道 具

- ワイヤーまたはテグス
- UVレジン
- UVライト
- クリアファイル
- つまようじ
- 丸ヤットコ
- 平ヤットコ
- 目打ち
- ピンバイス

point

ピンバイスは、小さな穴をあけるドリルです。レジンなどでも手で簡単にあけることができます。

How to make

1 クリアファイルなどにフープをのせて薄くレジンを入れ、UVライトで1分硬化させる。

2 ドライフラワーをちぎって入れる。さらにシェルパウダーも散らして入れる。

3 レジンを入れて、UVライトで1分硬化させる。さらにレジンを重ね、表面をぷっくりとさせ、UVライトで5分硬化させる。同様にあと2個つくる。

4 3の上に目打ちで軽く目印をつけ、ピンバイスで穴をあける。穴にCカンを通し、丸カン2個をつなぐ。

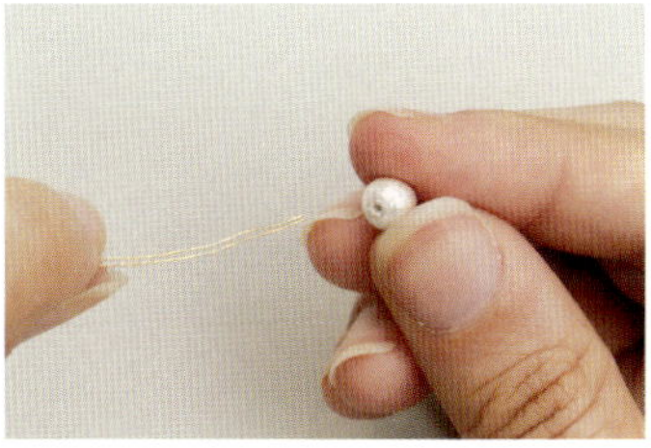

5 チェーンの先にワイヤーを通し、メタルパーツ、パール、4、パールの順に通す。

6 チェーンの両端の1コマをそれぞれ目打ちで広げる（P.18参照）。丸カンとカニカン、丸カンとアジャスターをそれぞれつなぐ。

no.28 花とスティックの揺れるネックレス ► P.68

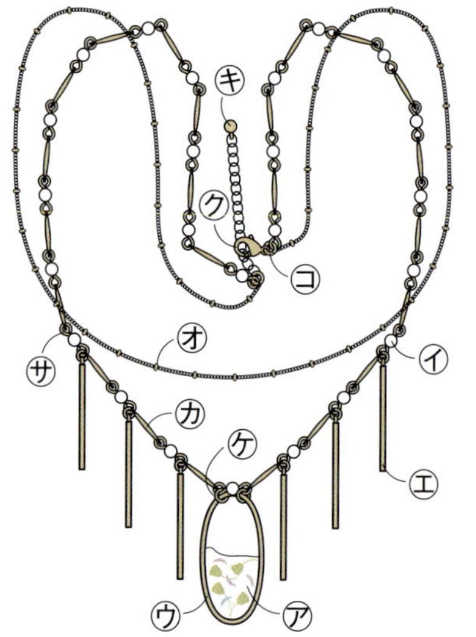

|材 料|

- ・㋐ドライフラワー（好みで） 少量
- ・㋑淡水パール（3mm/ホワイト） 23個
- ・㋒メタルフープ（楕円 16×9mm/ゴールド） 1個
- ・㋓メタルバー（1×15mm/ゴールド） 6本
- ・㋔デザインチェーン（k-340/ゴールド） 36cm
- ・㋕デザインチェーン（ゴールド） 36cm
- ・㋖アジャスター（ゴールド） 1個
- ・㋗カニカン（ゴールド） 1個
- ・㋘丸カン（0.7×4mm/ゴールド） 2個
- ・㋙丸カン（0.6×3mm/ゴールド） 8個
- ・㋚9ピン（0.5×12mm/ゴールド） 23本

|道 具|

- ・UVレジン
- ・UVライト
- ・クリアファイル
- ・つまようじ
- ・丸ヤットコ
- ・平ヤットコ
- ・ニッパー
- ・接着剤

How to make

1 クリアファイルなどの上にフープをのせ、半分に薄くレジンを入れてUVライトで1分硬化させる。ドライフラワーをちぎって入れ、レジンを入れて1分、さらにレジンを入れて5分硬化させる。

2 枠から外し、接着剤を枠につまようじで塗り、外したパーツを再度はめて乾燥させる。

3 パールにそれぞれ9ピンを通し、余分なピンをカットし、先を丸めておく。

4 デザインチェーン㋕のつなぎ目のカンをニッパーでカットし、パーツを外す。㋕のパーツ、3のパールを交互につなぐ。

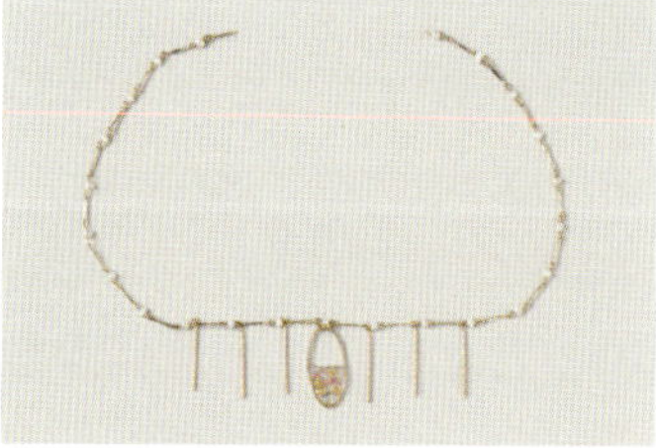

5 4の中央に2を大きい丸カン2個でつなぐ。バーをその左右にバランスよく丸カンでつなぐ。

6 5、デザインチェーンを丸カンでカニカン、アジャスターとそれぞれつなぐ。

no.29 イニシャルネックレス ► P.69

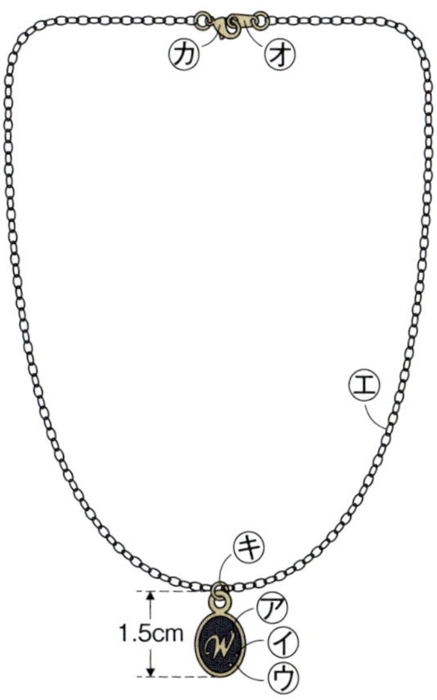

|材 料|

- ㋐イニシャルシート（ゴールド）　1個
- ㋑ブリオン（1mm/ゴールド）　2個
- ㋒ミール皿
（カン付楕円 8×6mm/ゴールド）　1個
- ㋓チェーン（ゴールド）　40cm
- ㋔板ダルマ（ゴールド）　1個
- ㋕カニカン（ゴールド）　1個
- ㋖丸カン（0.6×3mm/ゴールド）　3個

※イニシャルシートは、ネイルアート用として売られており、シール状になっています。

|道 具|

- アクリル絵の具（紺）
- 筆
- UVレジン
- UVライト
- つまようじ
- 丸ヤットコ
- 平ヤットコ

How to make

1 ミール皿に絵の具を塗り、乾燥させる。

2 レジンをつまようじで薄く塗り、イニシャルシートとブリオンを入れ、UVライトで1~2分硬化させる。

3 レジンをぷっくりとなるようにたらし、UVライトで1~2分硬化させる。さらにレジンを表面にたらし、UVライトで1~2分硬化させる。

4 板ダルマとチェーンを丸カンでつなぎ、カニカンとチェーンを丸カンでつなぐ。ミール皿のカンとチェーンを丸カンでつなぐ。

Arrange

ミール皿にシェルパウダーを散らし、イニシャルシートのせました。ミール皿のゴールドの色を活かしたアレンジです。

no.30 ドライフラワーのネックレス ► P.69

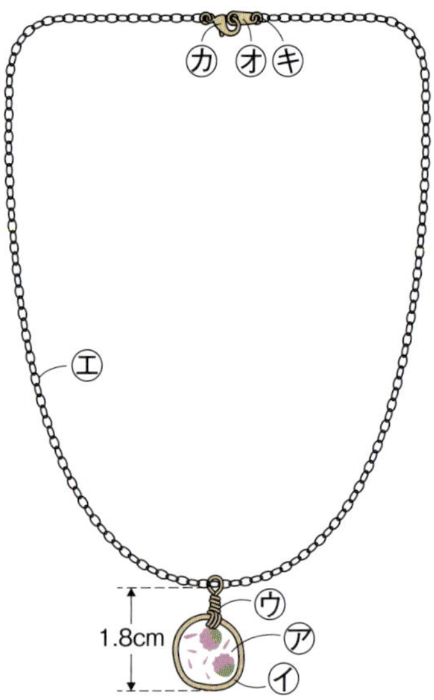

|材 料|

- ㋐ドライフラワー（好みで）　適量
- ㋑真鍮クラフトワイヤー（5mm幅/ゴールド）　適量
  ※ここでは4.5cm使用
- ㋒ワイヤー（#28/ゴールド）　15cm
- ㋓チェーン（ゴールド）　40cm
- ㋔板ダルマ（ゴールド）　1個
- ㋕カニカン（ゴールド）　1個
- ㋖丸カン（0.6×3mm/ゴールド）　2個

|道 具|

- UVレジン
- UVライト
- クリアファイル
- つまようじ
- 丸ヤットコ
- 平ヤットコ
- ニッパー
- 目打ち
- ピンバイス

How to make

1 クラフトワイヤーを丸ヤットコで丸め、ニッパーでカットする（硬いので、切るときに注意）。丸い形になるように調整する。

2 クリアファイルなどの上に1をのせ、レジンを薄くたらし、UVライトで1~2分硬化させる。ドライフラワーをちぎって入れ、さらにレジンを盛り上がるくらいのせ、5~6分硬化させる。

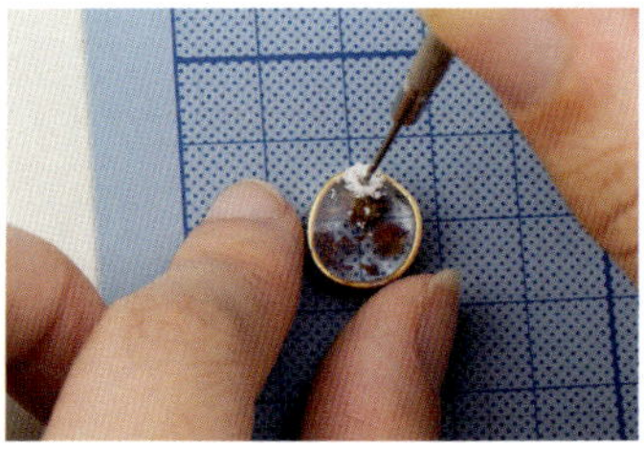

3 上に目打ちで軽く目印をつけ、ピンバイス（P.75参照）で穴をあける。

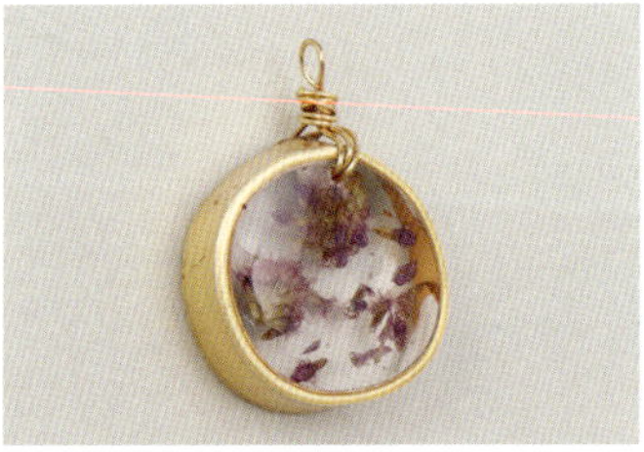

4 穴にワイヤーを2回通し、丸カンを通すカンをつくる。

5 板ダルマとチェーンを丸カンでつなぎ、4のカンにチェーンを通し、カニカンとチェーンを丸カンでつなぐ。

Arrange

違う種類のドライフラワーを使ってみました。ドライフラワーには着色したものもあるので、お好みの種類、色のものを使ってみましょう。

no.31 コットンパールの３粒ネックレス ► P.69

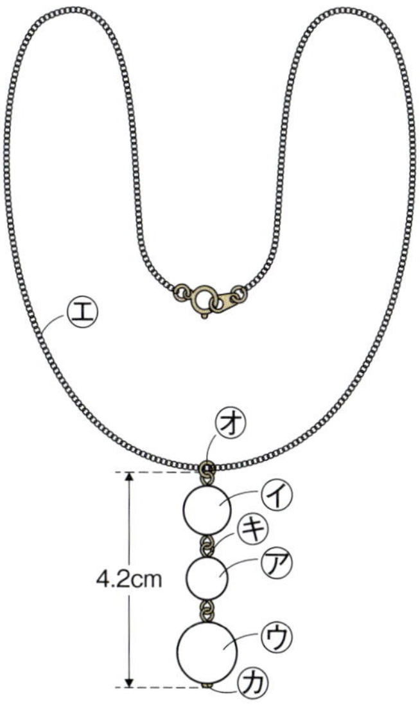

材料

- ㋐コットンパール（8mm/ホワイト） 1個
- ㋑コットンパール（10mm/ホワイト） 1個
- ㋒コットンパール（12mm/ホワイト） 1個
- ㋓チェーンネックレス（40cm/ゴールド） 1個
- ㋔丸カン（0.7×4mm/ゴールド） 1個
- ㋕Tピン（0.6×20mm/ゴールド） 1本
- ㋖9ピン（0.6×20mm/ゴールド） 2本

道具

- 丸ヤットコ
- 平ヤットコ
- ニッパー

How to make

1 コットンパール8mm、10mmには9ピンを、12mmにはTピンを通し、余分なピンをカットし、先を丸める。

2 丸めたところ。

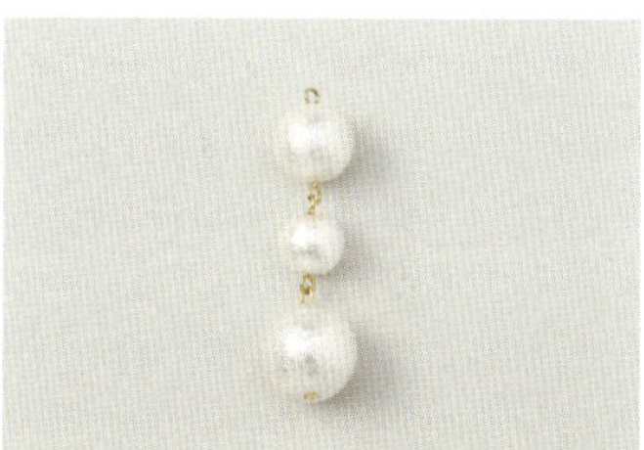

3 下からコットンパール12mm、8mm、10mmの順に、丸めたピンの先を開いてつなぐ。

4 コットンパール10mmのピンに、丸カンでチェーンネックレスをつなぐ。

Arrange

ネックレスのパーツをピアスにしました。カン付ピアス金具とパーツのピンを丸カンでつなぎます。

no.32 サークルネックレス ► P.69

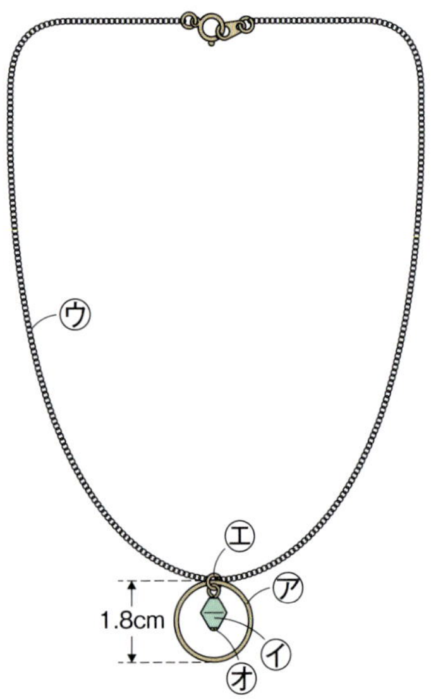

|材 料|

・㋐ヒキモノリング
（17mm/ゴールド） 1個
・㋑チェコビーズ
（ピコノ 6mm/オパックグリーングレーラスター） 1個
・㋒チェーンネックレス
（40cm/ゴールド） 1個
・㋓丸カン（0.7×4mm/ゴールド） 1個
・㋔Tピン（0.5×15mm/ゴールド） 1本

|道 具|

・丸ヤットコ
・平ヤットコ
・ニッパー

How to make

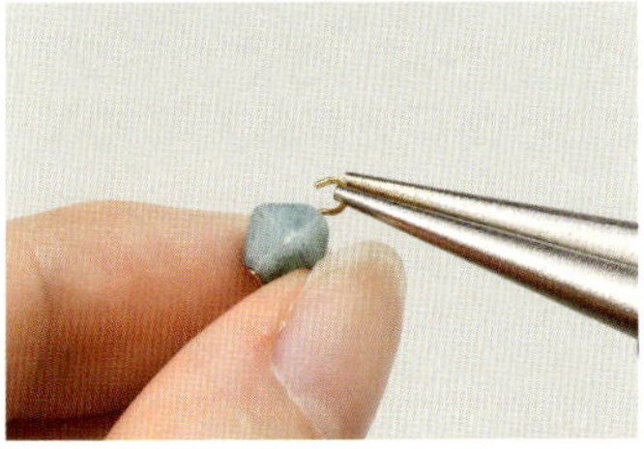

1 ビーズにTピンを通し、余分なピンをカットし、先を丸める。

2 丸めたところ。

3 丸カンでビーズ、ヒキモノリングとチェーンネックレスをつなぐ。

Arrange

パーツをピアス金具につなげました。ネックレスとセットにしても。チェコビーズは色や形がいろいろあるので、お好みのものを選びましょう。

no.33 ひもとチェーンのネックレス ► P.70

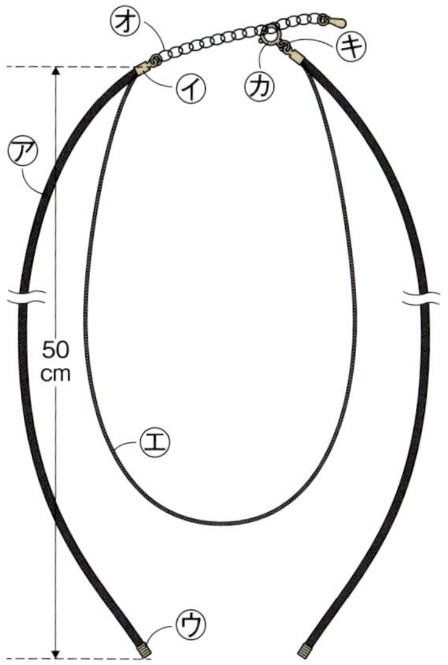

材 料

- ㋐合成ひも（黒） 50cm×2本
- ㋑ひも留めカン付（2mm/ゴールド） 2個
- ㋒ひも留めカンなし（4mm/ゴールド） 2個
- ㋓チェーン（ゴールド） 35cm
- ㋔アジャスター（6cm/ゴールド） 1個
- ㋕ヒキワ（6mm/ゴールド） 1個
- ㋖丸カン（0.7×4mm/ゴールド） 2個

道 具

- 丸ヤットコ
- 平ヤットコ
- 接着剤

How to make

1 ひも留めカン付にチェーンを入れて接着剤でとめ、さらにひもを入れてひも留めをとじる。

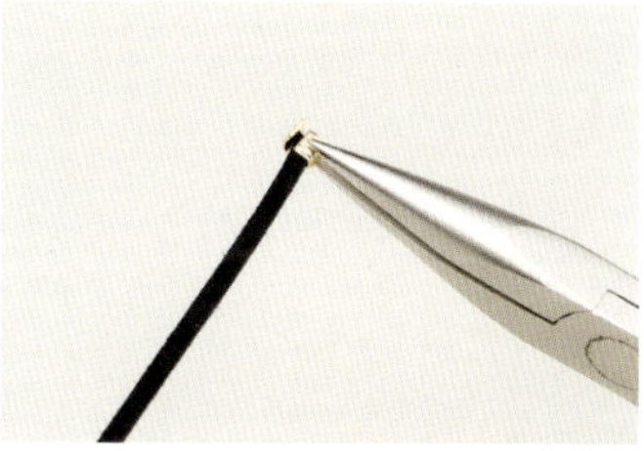

2 1のひもの一方に、ひも留めカンなしをとめる。

3 1のカンとアジャスターを丸カンでつなぐ。

4 もう1本のひもも1、2と同様につなぎ、ヒキワを丸カンでつなぐ。

Arrange

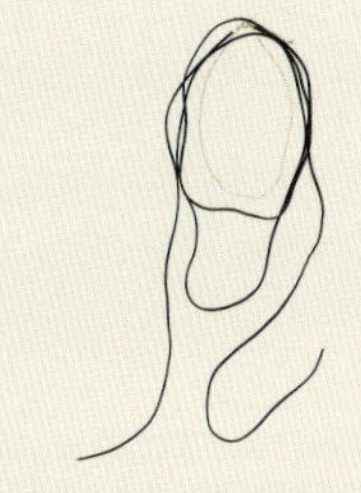

ひもを100cmにすると首に二重に巻くデザインに。結ばずにたらしてラリエット風にしても。

no.34 レースのチョーカー ► P.71

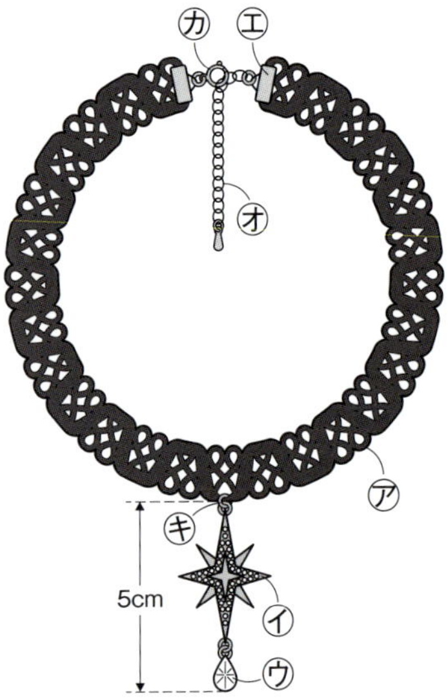

材 料

- ㋐レースブレード（約10mm/黒） 37cm
- ㋑ジョイントパーツ パヴェスター（35×14mm/クリスタルシルバー） 1個
- ㋒スワロフスキー #6128（8mm/クリスタルAB） 1個
- ㋓ひも留め（10mm/シルバー） 2個
- ㋔アジャスター（6cm/シルバー） 1個
- ㋕ヒキワ（7mm/シルバー） 1個
- ㋖丸カン（0.7×4mm/シルバー） 6個

※レースブレードの長さはお好みに合わせて調節してください。

道 具

- 丸ヤットコ
- 平ヤットコ
- ボンド

How to make

1 レースブレードの端に、ほつれどめとしてボンドを塗る。

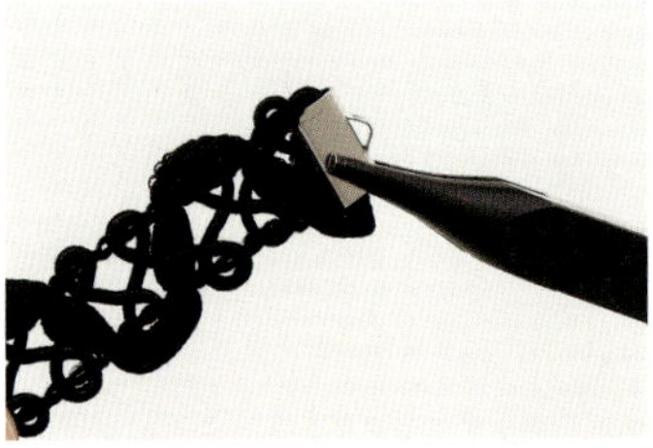

2 1の端を少し折り曲げて、ひも留めでとめ、ヒキワ、アジャスターをそれぞれ丸カンでつなぐ。

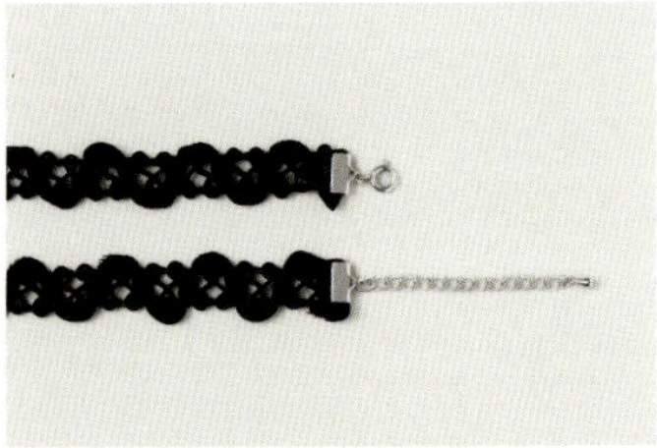

3 それぞれをつけたところ。

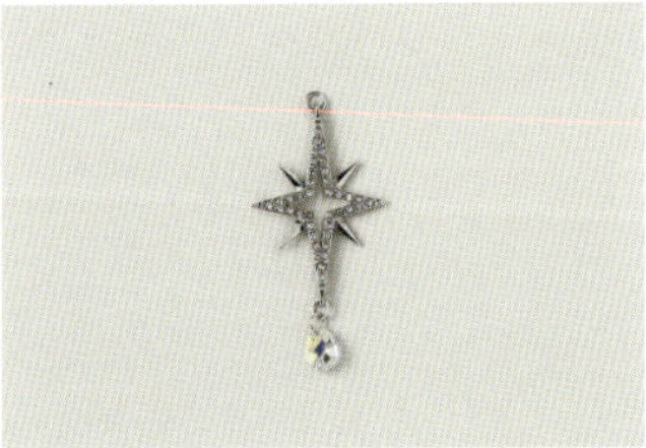

4 スワロフスキーとチャームを丸カン2個でつなぐ。チャームには丸カン1個をつけておく。

5 3の中央に4を丸カンでつける。

Arrange

金具をゴールドにし、パーツを月にしました。中央につけるパーツは、お好みのものでOK。

no.35 トライアングルとパールのラリエット ►P.71

|材 料|

- ㋐パール(10mm/ホワイト) 1個
- ㋑メタルフープ
  (三角15mm/ゴールド) 1個
- ㋒チェーン(ゴールド) 75cm
- ㋓丸カン(0.5×3mm/ゴールド) 1個
- ㋔Cカン(0.5×3mm/ゴールド) 1個
- ㋕Tピン(0.6×20mm/ゴールド) 1本

|道 具|

- 丸ヤットコ
- 平ヤットコ

How to make

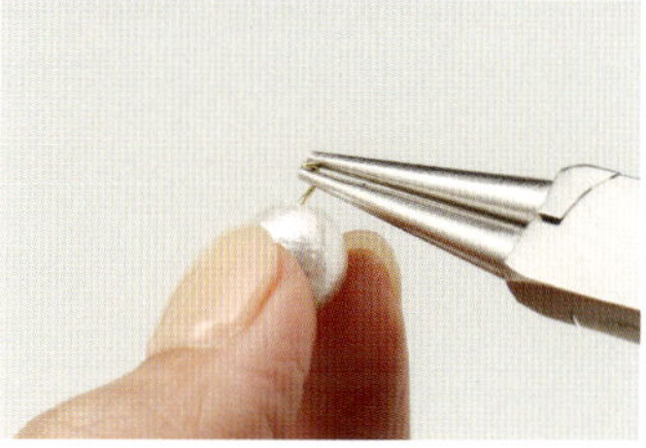

1 パールにTピンを通し、余分なピンをカットして、先を丸める。

2 チェーンの端に、1を丸カンでつける。

3 チェーンにメタルリングを通す。もう一方のチェーンの端とメタルリングを、Cカンでつなぐ。

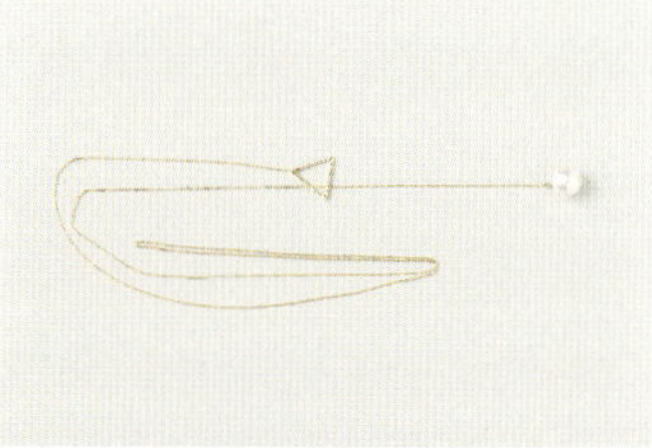

4 それぞれつなげたところ。

Arrange

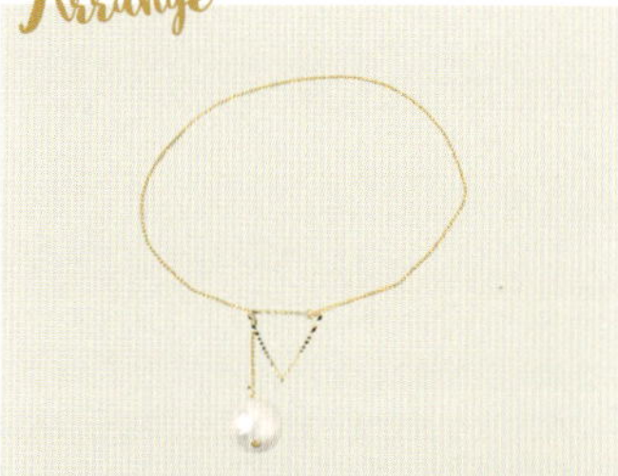

チェーンの長さを18cmにしてブレスレットにしました。ラリエットとセットにして使うことができます。

no.36 羽根チャームのラリエット

► P.71

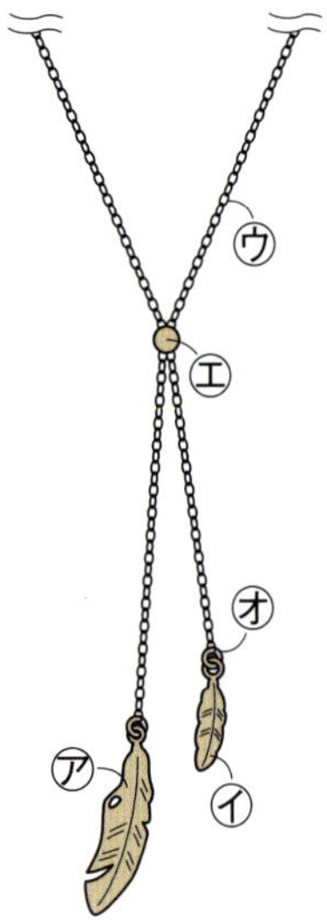

材 料

メタルパーツ

・㋐羽根大（約25mm/ゴールド）　1個
・㋑羽根小（約15mm/ゴールド）　1個
・㋒チェーン（ゴールド）　80cm
・㋓つぶし玉（3mm/ゴールド）　1個
・㋔丸カン（0.6×3mm/ゴールド）　2個

道 具

・丸ヤットコ
・平ヤットコ

How to make

1 チェーンの端に、パーツを丸カンでそれぞれつなぐ。

2 パーツをつないだところ。

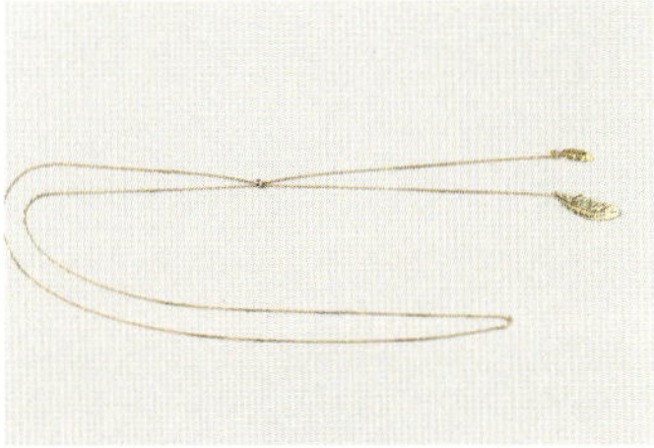

3 チェーンのわの部分からつぶし玉を通す。

Arrange

羽根のチャーム部分を、イニシャルプレートとラウンドパーツに替えました。丸いパーツがかわいい仕上がりに。

no.37 リボンとコットンパールのロングネックレス ►P.72

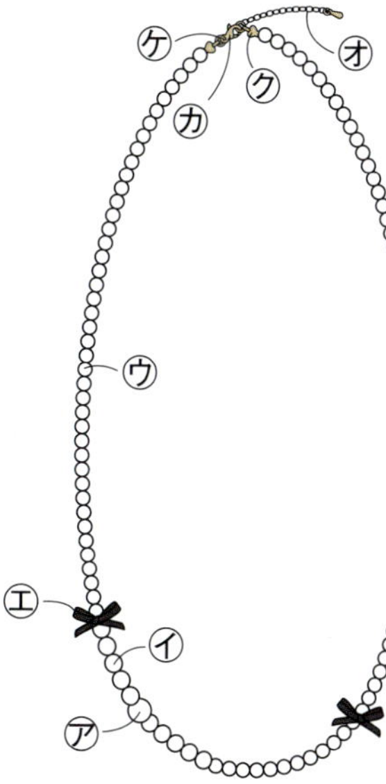

材 料

- ㋐コットンパール（12mm/ホワイト）　1個
- ㋑コットンパール（10mm/ホワイト）　10個
- ㋒コットンパール（8mm/ホワイト）　94個
- ㋓リボン（3mm幅/黒）　25cm×2本
- ㋔アジャスター（6mm/ゴールド）　1個
- ㋕カニカン（12×6mm/ゴールド）　1個
- ㋖つぶし玉（1.5mm/ゴールド）　2個
- ㋗変型ボールチップ（5mm/ゴールド）　2個
- ㋘丸カン（0.7×4mm/ゴールド）　2個

道 具

- シルクビーズコード（0.6mm/白）
- 平ヤットコ
- 丸ヤットコ
- 接着剤

How to make

1 コードを120cmに切って、固結びにし、つぶし玉、ボールチップの順に通す。つぶし玉をつぶして、ボールチップをとじる。

2 1の続きにパールの8mmを42個、10mmを5個、12mmを1個、10mmを5個、8mmを52個の順にすべて通す。

3 パールをすべて通したら、ボールチップとつぶし玉を通す。コードを固結びにし、つぶし玉をつぶし、ボールチップをとじる。ボールチップの先端をそれぞれ丸める。

Arrange

手首にぐるぐると巻いて、ゴージャスなブレスレットにもなります。リボンの位置や数はお好みでも。

4 丸カンでアジャスターとカニカンをそれぞれつける。

5 バランスを見ながら、リボンを2箇所に結ぶ。結び目は接着剤でとめる。

no.38 フラワーリーフのネックレス ► P.73

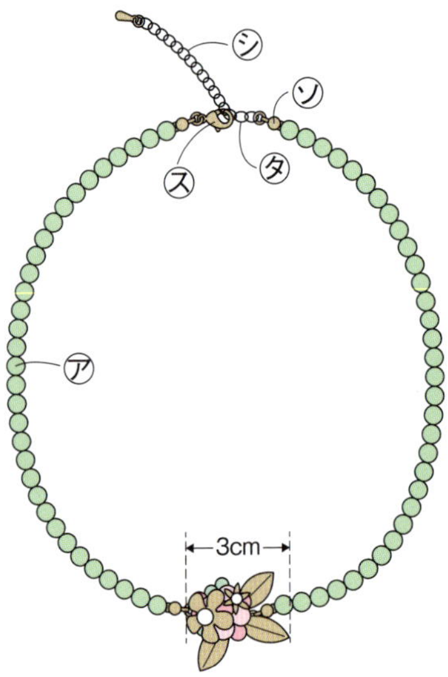

|材 料|

- ㋐ガラスビーズ（6mm/ミントグリーン） 66個
- ㋑ガラスビーズ（6mm/薄ピンク） 3個
- ㋒ガラスビーズ（4mm/濃いピンク） 6個
- ㋓ガラスビーズ（4mm/グリーン） 3個
- ㋔メタルリーフパーツ（三葉 23×32mm/ゴールド） 1個
- ㋕メタルフラワーパーツ（花五弁 15mm/ゴールド） 1個
- ㋖座金（約8.5mm/ゴールド） 1個
- ㋗座金（9mm/ゴールド） 1個
- ㋘シルキーパール（3mm/ホワイト） 1個
- ㋙シルキーパール（4mm/ホワイト） 1個
- ㋚シャワー金具ペンダント2カン付（15mm/ゴールド） 1個
- ㋛アジャスター（ゴールド） 1個
- ㋜カニカン（ゴールド） 1個
- ㋝つぶし玉（1.5mm/ゴールド） 4個
- ㋞ボールチップ（3mm/ゴールド） 4個
- ㋟丸カン（0.7×3.5mm/ゴールド） 4個

|道 具|

- テグス（3号）
- 接着剤
- ナイロンコートワイヤー（0.4cm/ゴールド）

手順3の拡大図

手順5の拡大図

How to make

※つくり方では、わかりやすいようにテグスに色をつけています

1 三つ葉パーツを手で少し広げる。テグスを65cmに切る。

2 シャワー台に1をテグスで縫いつけ、裏で2回ほど玉結びする。

3 ㋑～㋓をバランスよく順に縫いつけ、裏で2回ほど玉結びする。

4 ㋗→㋘、㋕→㋖→㋙の順にそれぞれ縫いつけ、裏で2回ほど玉結びして少し接着剤をつける。

5 すべて縫いつけたところ。

6 シャワー金具にとりつける。

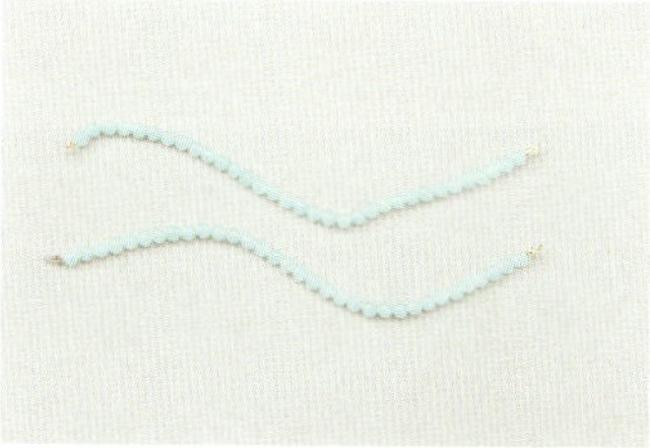

7 ワイヤーを30cmに2本切り、端をボールチップでとめ、㋐を33個通して反対端もとめる。これを2本作る。

8 6と7をそれぞれ丸カンでつなぐ。

9 カニカンとアジャスターを、それぞれ丸カンでつける。

no.39 カラーコットンパールのロングネックレス ► P.73

材料

- ㋐シルキーパール（8mm/ライトグレー） 28個
- ㋑コットンパール（8mm/ホワイト） 55個
- ㋒スワロフスキーパール #5810（8mm/イラデサントライトブルー） 20個
- ㋓スワロフスキー #5051（8×6mm/クリスタルブルーシェード） 1個
- ㋔スワロフスキー #5650（12×8mm/クリスタル） 1個
- ㋕グログランリボン（10mm/ブルーグレー） 70cm
- ㋖つぶし玉（1.5mm/ゴールド） 2個
- ㋗ボールチップ（3mm/ゴールド） 2個
- ㋘丸カン（1.2×7mm/ゴールド） 2個

道具

- ナイロンコートワイヤー（0.4mm/ゴールド）
- 丸ヤットコ
- 平ヤットコ
- ボンド

How to make

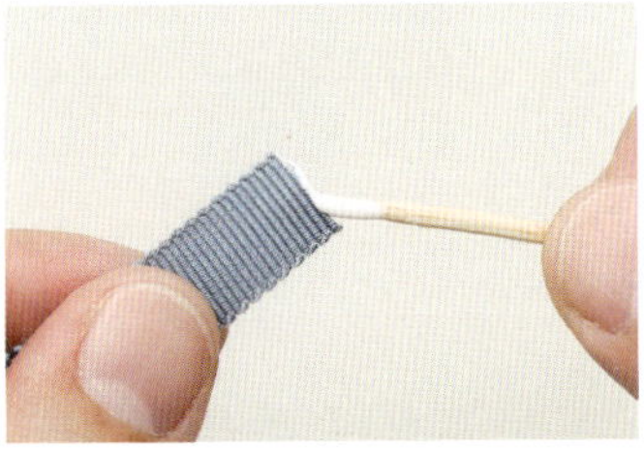

1 リボンの端にほつれどめとしてボンドを塗る。

2 ナイロンコートワイヤーを94cmに切り、片方の端につぶし玉を通し、ボールチップでとめる（P.85参照）。

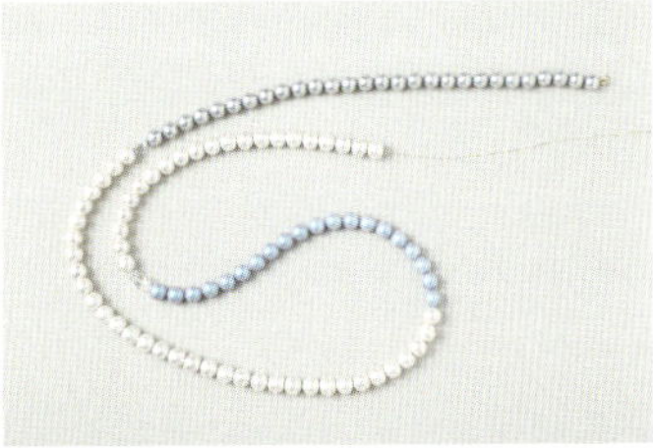

3 2に㋐28個、㋓、㋑34個、㋒20個、㋔、㋑21個を順に通す。

4 通し終わったら、つぶし玉を通し、ボールチップでとめる（P.85参照）。ボールチップの先はそれぞれ丸める。

5 両端に丸カンをつけ、1のリボンを通す。

Arrange

手首に巻いてブレスレットに。パーティーシーンなどで華やかな手元になります。

PART 4

BRACELET

ブレスレット

no.40
パールのバングル

ワンステップでできる簡単なパールのバングルです。

How to make ► P.97

Design chouchou-fil

no.41
レジンとパールのブレスレット

レジンパーツはお好みの形でつくり、着色をして仕上げます。

レジン How to make ► P.96

Design aco

no.42
タッセルとスターのブレスレット

小さなタッセルがポイント。スターとパールが輝きます。

How to make ► P.98

Design chouchou-fil

no.43
2連チェーンブレスレット

華奢なデザインチェーンを2種類重ねてとじています。

How to make ► P.99

Design nul

43

44

42

no.44
リングとバーのブレスレット

リングとバーを使ったシンプルなブレスレットです。

How to make ► P.100

Design nul

no.45 スターフィッシュのブレスレット

スターフィッシュとさわやかな色味が、夏らしいブレスレット。

How to make ► P.101
Design chouchou-fil

no.46 ビジューのバングル

手元でビジューがきらめき、パーティーシーンにぴったりです。

How to make ► P.102
Design Ambivalence

no.47
コットンパールの ボリュームブレスレット

マスカットカラーのパールがさわやかな印象を与えます。

How to make ► P.103
Design Ambivalence

no.48
パールの ブレスレット

コットンパールの中にひと粒入れたデザインビーズがポイント。

How to make ► P.104
Design chouchou-fil

no.49
ビーズと三つ編みの ブレスレット

手首にくるくると巻きつけて、ボリューム感を楽しみます。

How to make ► P.105

Design 伊藤りかこ

no.50
クラウンのねじり結び ブレスレット

クラウンと黒いコードでシックな
印象の結びブレスレットです。

How to make ► P.106
Design 伊藤りかこ

no.51
パールとねじり結びの バングル

バングルに直接コードを結びなが
らつくります。

How to make ► P.107
Design 伊藤りかこ

no.52
パールと平結びの ブレスレット

グリーンとパールがさわやかな印
象に。

How to make ► P.108
Design 伊藤りかこ

no.53
天然石のラダーワーク ブレスレット

天然石をコードで交互に通してつ
くります。

How to make ► P.109
Design 伊藤りかこ

no.41 レジンとパールのブレスレット ►P.90

材料

- ㋐ドライフラワー（かすみ草）　適量
- ㋑メタルフープ（四角 5mm/ゴールド）　1個
- ㋒パール（4mm/ホワイト）　18個
- ㋓デザインチェーン（ゴールド）　14.5cm
- ㋔デザインチェーン（ゴールド）　5.6cm×2本
- ㋕アジャスター（ゴールド）　1個
- ㋖カニカン（ゴールド）　1個
- ㋗丸カン（0.6×3mm/ゴールド）　2個
- ㋘丸カン（0.7×4mm/ゴールド）　2個
- ㋙9ピン（0.6×15mm/ゴールド）　20本

道具

- レジン用着色剤（紫）
- UVレジン
- UVライト
- クリアファイル
- つまようじ
- 丸ヤットコ
- 平ヤットコ
- ニッパー
- 目打ち

How to make

1 レジンを適量クリアファイルにたらし、着色剤を入れて混ぜる。

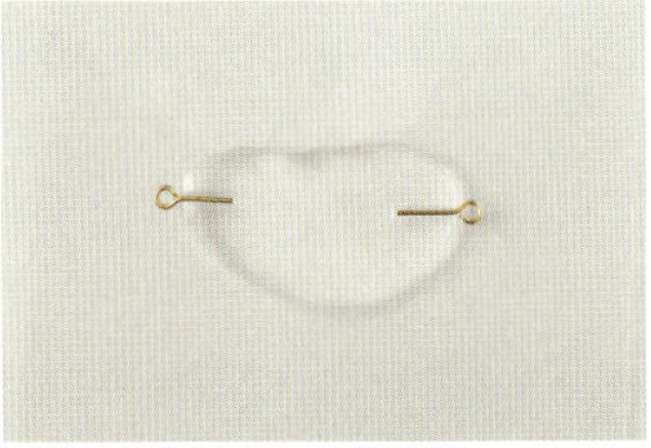

2 別のクリアファイルに薄くレジンを好きな形にたらし、UVライトで2分硬化させる。両端に少しレジンをつけ、半分の長さにカットした9ピンをのせて、UVライトで1~2分硬化させる。

3 お好みレジンリング（P.117参照）の手順2~4と同様につくる。

4 9ピンをそれぞれパールに通し、余分なピンをカットし、先を丸める。

5 丸めた9ピンの先を開き、4をすべてつなぐ。㋔のチェーンと3を㋘の丸カンでつなぐ。

6 5の両端にカニカン、アジャスターをそれぞれ㋗の丸カンでつなぐ。

レジン用の着色剤は、少しずつ混ぜて色の様子を見ます。混ぜて色を作ることもできます。

no.40 パールのバングル ► P.90

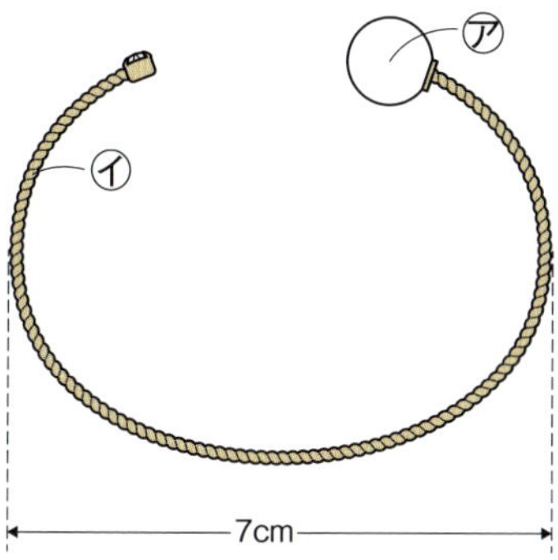

|材 料|

- ㋐コットンパール（10mm/ホワイト）1個
- ㋑バングル（片側芯立て/ゴールド） 1個

|道 具|

- 接着剤

How to make

1 バングルの芯立てにコットンパールを接着剤で接着する。

Arrange

コットンパールの代わりに、ラインストーンボールをつけました。キラキラが増して、華やかなアレンジになります。

no.42 タッセルとスターのブレスレット ► P.91

材料

- ㋐タッセル（15mm/緑）　1個
- ㋑メタルパーツ（星 5mm/ゴールド）　1個
- ㋒パール（6mm/ホワイト）　1個
- ㋓チェーン（ゴールド）　15cm
- ㋔ニューホック（ゴールド）　1組
- ㋕丸カン（0.5×2.3mm/ゴールド）　2個
- ㋖Tピン（0.6×20mm/ゴールド）　1本

道具

- 丸ヤットコ
- 平ヤットコ
- 目打ち
- ニッパー

How to make

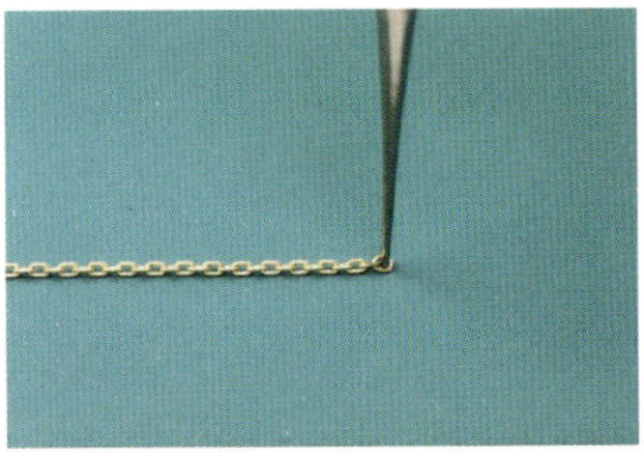

1 チェーンの両端のコマを目打ちで広げる。

2 コマを広げたところ。

3 チェーンの端に、ニューホックを丸カンでつなぐ。

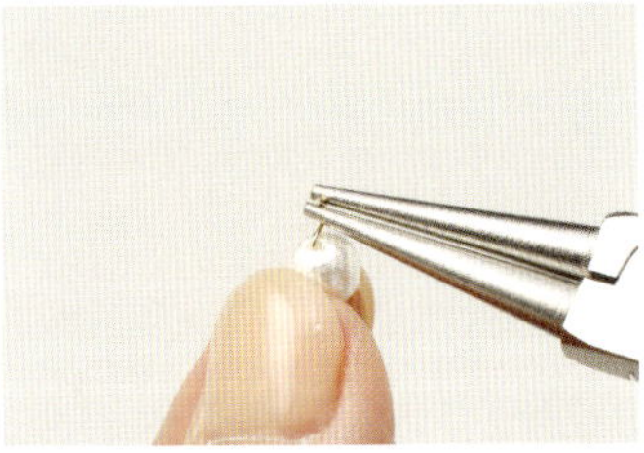

4 パールにTピンを通し、余分なピンをカットして丸める。

5 メタルパーツ、タッセル、パールを通し、チェーンの端に丸カンでニューホックをつなぐ。

Arrange

タッセルの色を白にしました。他にも色の種類があるので、選んでみましょう。またパールも同じサイズのビーズに替えると、印象が変わります。

no.43 2連チェーンブレスレット ► P.91

手首まわり16cm

|材 料|

- ㋐ガラスビーズ
  (シャネルストーンスクエア2カン付 17×10mm/アイオライトゴールド) 1個
- ㋑デザインチェーン
  (k-340/ゴールド) 15.5cm
- ㋒小判チェーン
  (ゴールド) 7.5cm×2本
- ㋓アジャスター(ゴールド) 1個
- ㋔ヒキワ(ゴールド) 1個
- ㋕丸カン(0.6×3mm/ゴールド) 4個

|道 具|

- 丸ヤットコ
- 平ヤットコ
- ニッパー

How to make

1 小判チェーンに丸カンでシャネルストーンをつなぐ。

2 アジャスターが長いときはニッパーでカットする。

3 デザインチェーン、小判チェーンに丸カンを通し、アジャスターとつなぐ。もう一方にヒキワをつなぐ。

Arrange

ガラスビーズを淡水パールに替えました。上品な大人のブレスレットに。9ピンに淡水パールを通し、先を丸めてカンにしてチェーンにつなぎました。

no.44 リングとバーのブレスレット ▶P.91

|材 料|

- ㋐メタルパーツ
  (ヒキモノリング 20mm/ゴールド) 1個
- ㋑メタルスティック
  (25mm/ゴールド) 1個
- ㋒小判チェーン
  (ゴールド) 7.5cm×2本
- ㋓アジャスター (ゴールド) 1個
- ㋔ヒキワ(ゴールド) 1個
- ㋕丸カン(0.6×3mm/ゴールド) 4個
- ㋖丸カン(0.7×4mm/ゴールド) 2個

|道 具|

- 丸ヤットコ
- 平ヤットコ

How to make

1 小判チェーンの両端に、アジャスターとヒキワをそれぞれ㋕の丸カンでつなぐ。

2 ヒキモノリングに㋖の丸カンを2個つける。

3 メタルスティックと、2でつないだ丸カン、小判チェーンを㋕の丸カンでつなぐ。

Arrange

チェーンの長さを変えると、ネックレスにもなります。シンプルなので、どんな雰囲気にも合います。

no.45 スターフィッシュのブレスレット ► P.92

手首まわり 19cm

材料

- ㋐ビーズ（6mm/ターコイズ） 27個
- ㋑ビーズ（4mm/ターコイズ） 2個
- ㋒メタルビーズ（四角 3mm/ゴールド） 2個
- ㋓真鍮チャーム（スターフィッシュ） 1個
- ㋔丸カン（0.6×3mm/ゴールド） 1個

道具

- 接着剤
- とじ針
- 丸ヤットコ
- 平ヤットコ
- コード（オペロン/クリア）

How to make

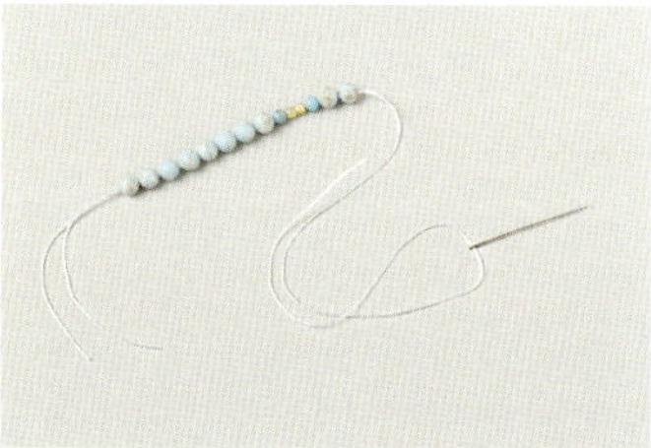

1 オペロンを30cmに切る。とじ針に通して2本どりにし、途中で図のようにターコイズとゴールドのビーズを通す。

2 固結びして、オペロンを根元で切り、結び目に接着剤をつける。

3 スターフィッシュのパーツを、丸カンでゴールドのビーズのあいだにつける。

Arrange

チャームをスターフィッシュからシェルに替えました。マリンスタイルコーデに合うデザインです。

no.46 ビジューのバングル ► P.92

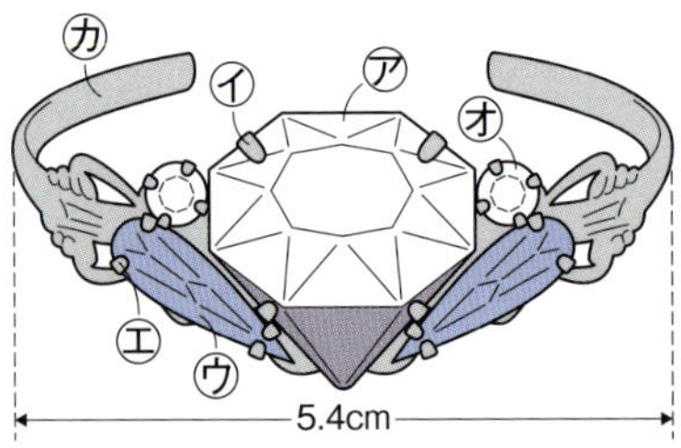

|材 料|

・㋐スワロフスキー #4928
（18mm/クリスタルバミューダ
メタリックブルー） 1個
・㋑石座
（#4928用/約18mm/シルバー） 1個
・㋒スワロフスキー #4331
（15mm/デニムブルー） 2個
・㋓石座
（#4331用/約15mm/シルバー） 2個
・㋔スワロフスキー #53200
（約4mm/クリスタル） 2個
・㋕スカシ付バングル
（16cm/シルバー） 1本

|道 具|

・平ヤットコ
・テグス（3号）
・接着剤

How to make

※つくり方では、わかりやすいようにテグスに色をつけています

1 石座にスワロフスキーをそれぞれとめる。テグスを45cmに切る。

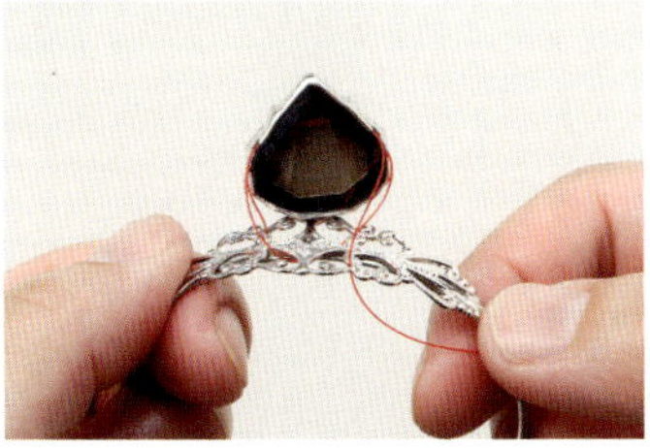

2 バングルの透かし部分に、テグスでパーツを縫いつける。何個か縫いつけるごとに裏で固結びをし、ずれるのを防止する。

3 すべてのスワロフスキーを縫いつけたら裏で固結びをし、接着剤をつける。

point

スカシ付のバングルなので、スワロフスキーなどを縫いとめやすくなっています。

no.47 コットンパールのボリュームブレスレット ► P.93

手首まわり 16cm

材料

- ㋐コットンパール
（14mm/ヴィラトイユマスカット）　3個
- ㋑コットンパール
（12mm/ヴィラトイユマスカット）　4個
- ㋒コットンパール
（10mm/ヴィラトイユマスカット）　3個
- ㋓コットンパール
（8mm/ヴィラトイユマスカット）　7個
- ㋔コットンパール
（6mm/ヴィラトイユマスカット）　4個
- ㋕デザインチェーン（QK-14/ゴールド）　16cm
- ㋖フックパーツ
（ウイングフック/シャイニーブラス）　1組
- ㋗丸カン（1.0×6mm/ゴールド）　2個
- ㋘Tピン（0.7×25mm/ゴールド）　21本

道具

- 丸ヤットコ
- 平ヤットコ
- ニッパー

How to make

1 チェーンの端をひらき、長さを調節し丸カンでフックパーツをつける。

2 もう片方にも同様につける。

3 パールにそれぞれTピンを通し、余分なピンをカットし、先を丸める。

4 チェーンに3をバランスよくつなぐ。

5 つないだところ。

Arrange

コットンパールの色にスミレとホワイトの2色を使いました。上品な大人の女性らしい印象に仕上がります。

no.48 パールのブレスレット ► P.93

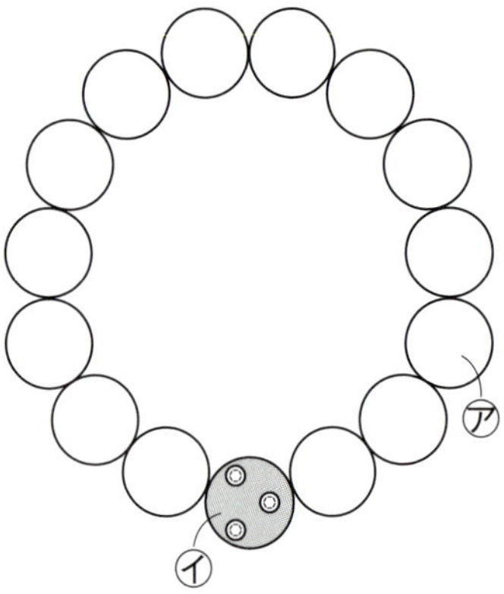

手首まわり 22cm

材 料

・㋐コットンパール
（12mm/ホワイト）　14個
・㋑デザインビーズ
（ドットビーズ 12mm）　1個

道 具

・とじ針
・コード
（オペロン/クリア）
・目打ち
・接着剤

How to make

1 オペロンを25cmに切る。とじ針に通し2本どりにして、コットンパールを12個通したらビーズを通し、コットンパールを2個通す。

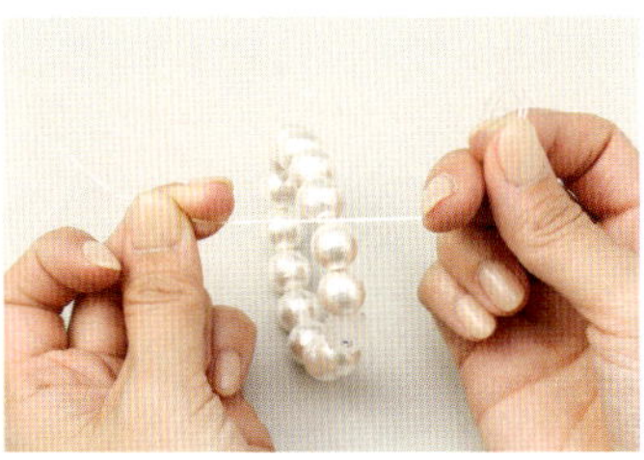

2 最後は固結びをする。

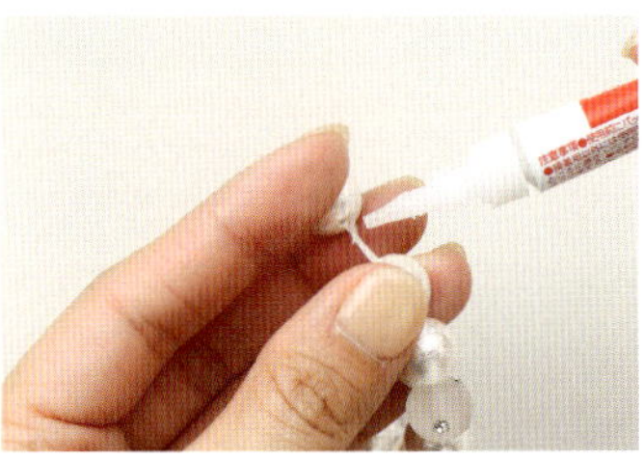

3 オペロンを根元で切り、接着剤をつけてパールの中に隠す。

point

最初と最後のコットンパールは、目打ちなどで穴を広げておくと、結び目を隠しやすい。

no.49 ビーズと三つ編みのブレスレット ▶P.94

全長84cm（金具含む）

| 材 料 |

・㋐スワロフスキー #5328
（6mm/アクアマリン） 16個
・㋑スワロフスキー #5328
（6mm/Lt.アメジスト） 16個
・㋒スワロフスキー #5328
（6mm/タンザナイト） 16個
・㋓ステンレスコード（0.8mm/
Newシルバー 716） 220cm×2本
・㋔ステンレスコード（0.8mm/
Newシルバー 716） 25cm×2本
・㋕メタルパーツジョイント
（3.5×22mm/シルバー AC1663） 1組

※コード、ジョイントはメルヘンアート

| 道 具 |

・はさみ
・テープ

How to make

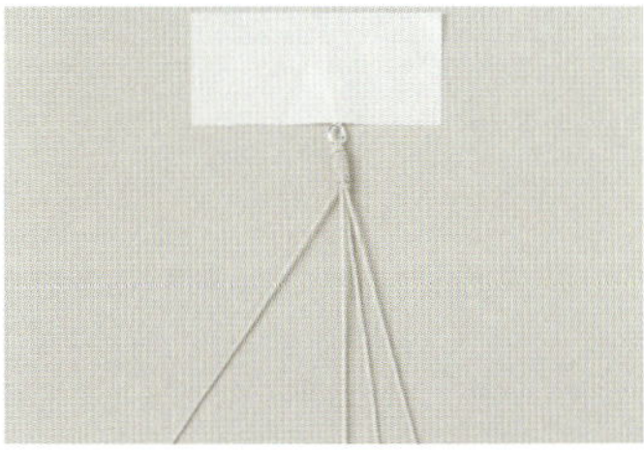

1 220cmのコード2本をジョイントに通し、二つ折りにする。25cmのコードでまとめ結び（P.110参照）を0.5cmする。台などにテープで固定する。

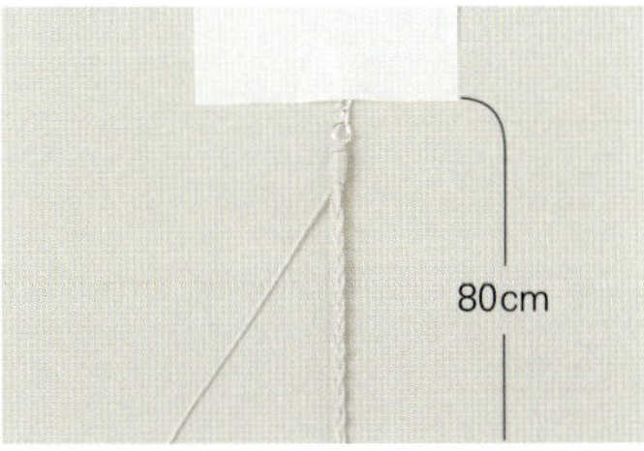

2 右側のコード3本で三つ編みを80cm編む。最後はほどけないように仮にひと結びしておく（4で仮のひと結びはほどく）。

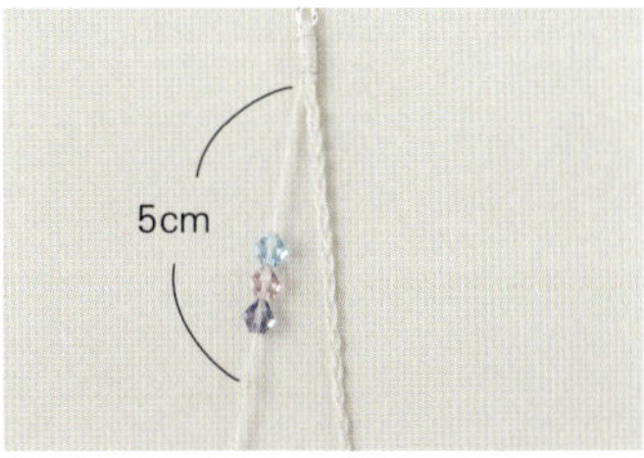

3 残りのコード1本にスワロフスキー㋐㋑㋒を各1個ずつ通す。間を5cmあけ、ひと結びする。これをあと14回くり返す。

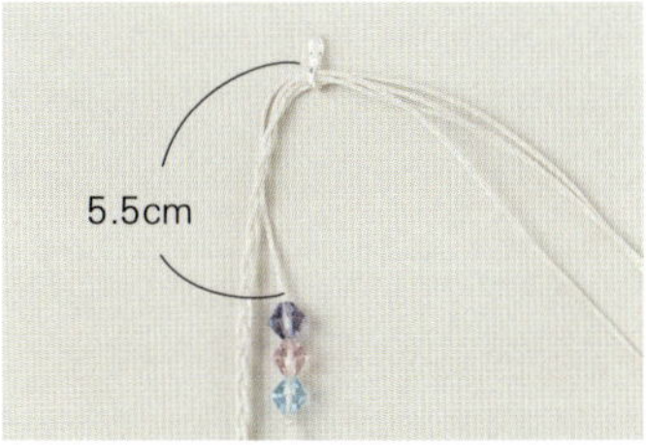

4 最後にスワロフスキーを3個通したら、コード4本をもう片方のジョイントに通し、スワロフスキーが通っているコードはひと結びから5.5cmあけてコードを折る。

5 25cmのコードでまとめ結びを0.5cmし、コード端はすべてカットする。

Arrange

長さがあるので、一連のネックレスとしても使えます。また、コードの色をゴールドにし、スワロフスキーの色の組み合わせも変えてみました。

no.50 クラウンのねじり結びブレスレット ► P.95

手首まわり 16.5cm

材 料

- ㋐リネン糸スペシャル（0.8mm/ブラック1203） 120cm×2本
- ㋑ロマンスコード極細タイプ（0.8mm/ブラック856） 30cm×2本
- ㋒メタルパーツ（クラウン/アンティークゴールド AC1486） 1個
- ㋓カシメジョイント（ゴールドG1004） 1組

※材料はすべてメルヘンアート

道 具

- 平ヤットコ
- テープ
- 接着剤

How to make

※つくり方では、わかりやすいようにコードの色を変えています

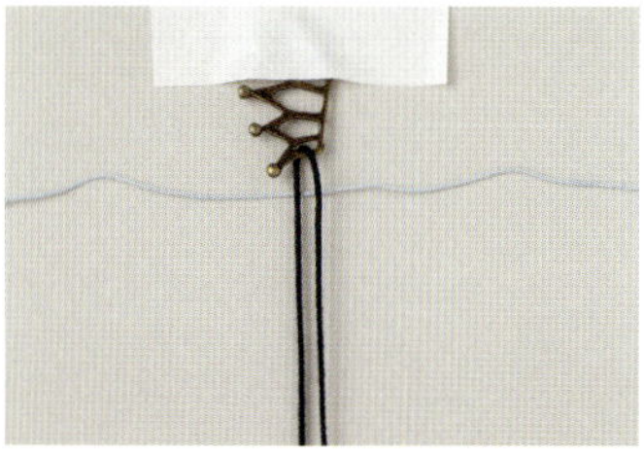

1 30cmのコード1本をパーツに通し、二つ折りにする。台などにテープで固定する。120cmのリネン糸1本を、左右を同じ長さにして下に置く。

2 コードを芯にしてねじり結び（P.110参照）で6.5cm結ぶ。反対側も同様に結ぶ。

[カシメジョイントのつけ方]

1 コードの端と、金具の内側に接着剤をつけ、リネン糸を差し込む。

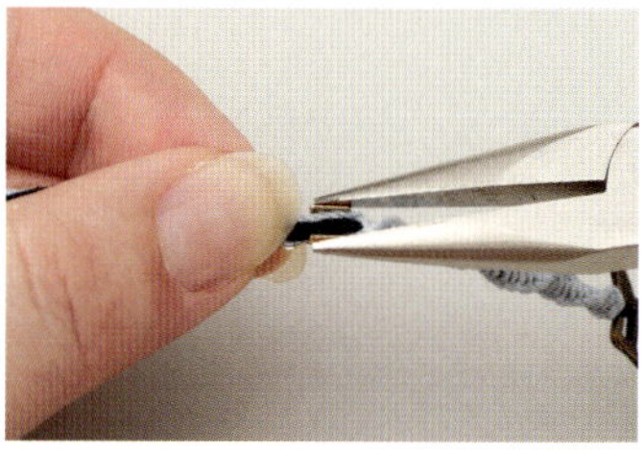

2 差し込んだ部分を平ヤットコではさんでとじる。

3 接着剤が乾いたら、コードとリネン糸の端をギリギリでカットする。

no.51 パールとねじり結びのバングル

► P.95

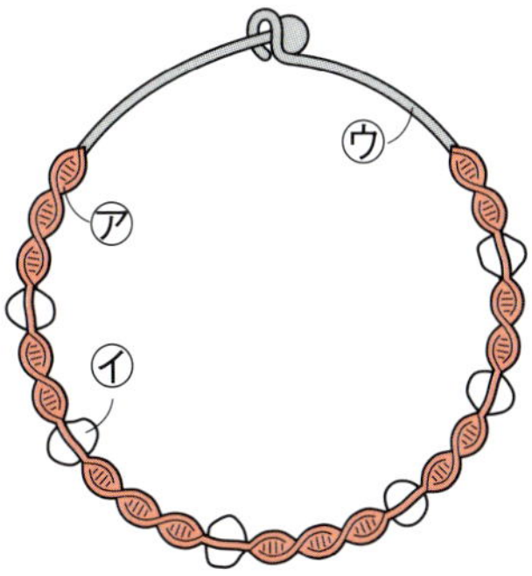

直径 7cm

材料

- ㋐マイクロマクラメコード（0.7mm/エンジ 1445）　180cm
- ㋑ビーズ（スィートウォーターパール/6~7mm/ホワイトAC704）　6個
- ㋒バングル（シルバー S1063）　1本

※材料はすべてメルヘンアート

道具

- ライター

How to make

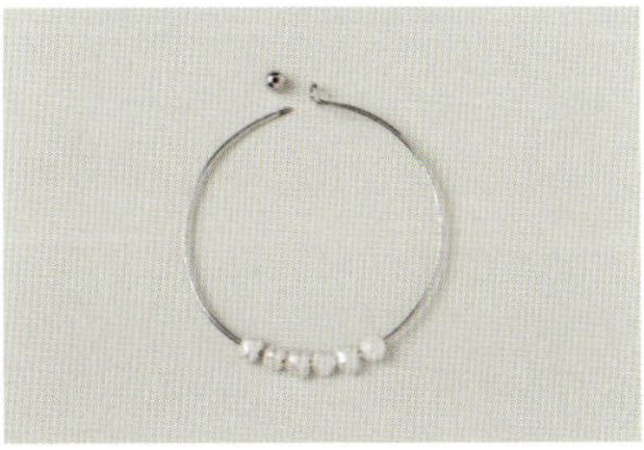

1 バングルにパールをすべて通す。

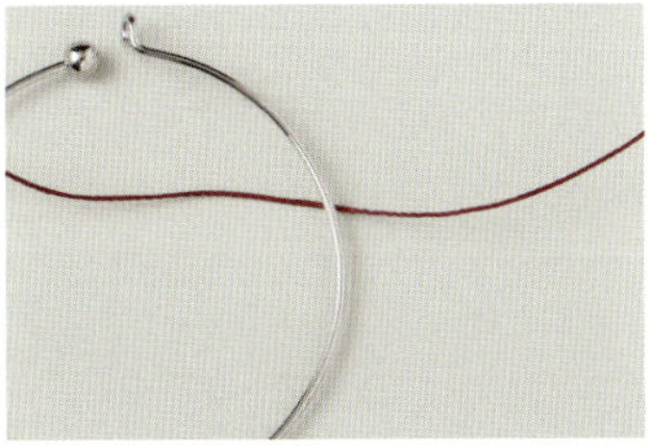

2 バングルを芯として、左右を同じ長さにして下にコードをおく。

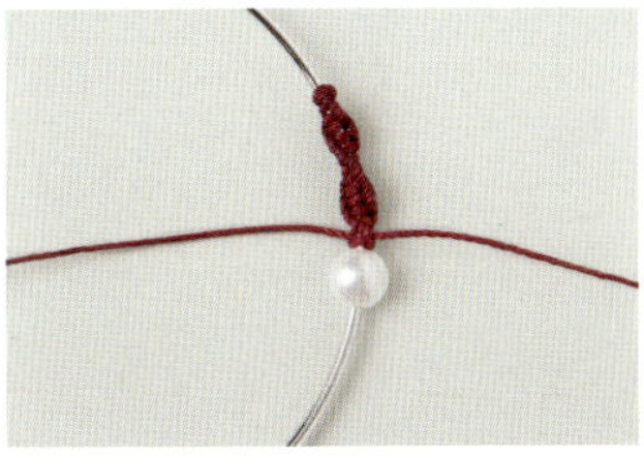

3 バングルの端から3cmあけてねじり結び（P.110参照）を15回結ぶ。1で通したパールを1個上に押し上げる。

4 続けてねじり結びを15回結ぶ。

5 「パールを1個押し上げてねじり結び15回」をあと5回くり返す。コード端は、焼きどめ（P.110参照）する。

Arrange

チョーカーサイズのものがあるので、同様に作ってみましょう。パールは12個使います。バングルとセットでつけても。

no.52 パールと平結びのブレスレット

► P.95

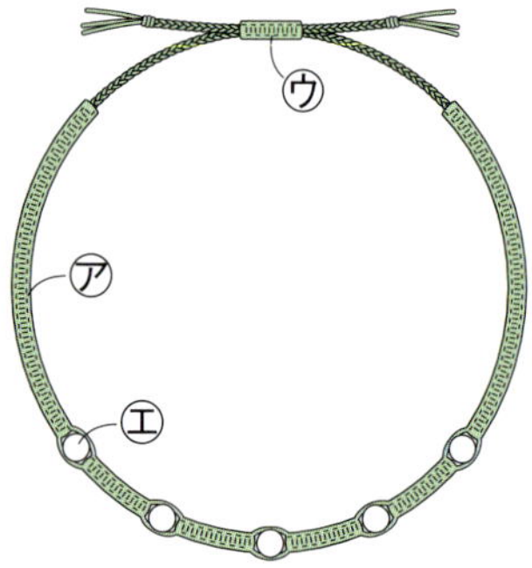

手首まわり 23cm

材料

- ㋐マイクロマクラメコード（0.7mm/セージ1450） 100cm×2本
- ㋑マイクロマクラメコード（0.7mm/セージ1450） 50cm
- ㋒マイクロマクラメコード（0.7mm/セージ1450） 20cm
- ㋓ビーズ（スィートウォーターパール Newスタイル/3~4mm/ホワイトAC731） 5個

※材料はすべてメルヘンアート

道具

- はさみ
- ライター
- テープ

How to make

※手順4.5では、わかりやすいようにコードの色を変えています

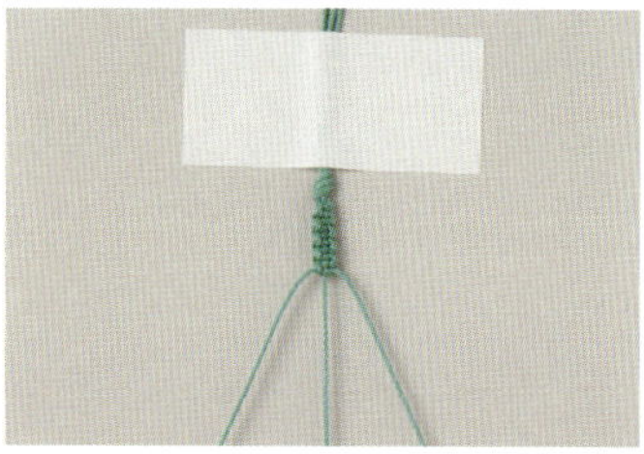

1 ㋐のコード2本と、㋑のコードを合わせ、上に15cm残して仮にひと結びする。台などにテープで固定し、㋑のコードを芯として、平結び（P.110参照）を5cm結ぶ。

2 芯ひもにパールを1個通す。

3 その下に平結びを3回結ぶ。2、3をあと3回くり返す。最後（5個目）のパールを通す。

4 1と同様に平結びを5cm結ぶ。三つ編みを5cm編み、ひと結びしてカットする。1で残しておいた15cmのコードの仮結びをほどき、同様に三つ編みを5cm編み、ひと結びしてカットする。三つ編み部分を重ねて、㋒を下に置く。

5 三つ編み2本を芯にし、平結びを4回結び、とめ具をつくる。ひも端は、ライターで焼きどめ（P.110参照）する。

no.53 天然石のラダーワークブレスレット ► P.95

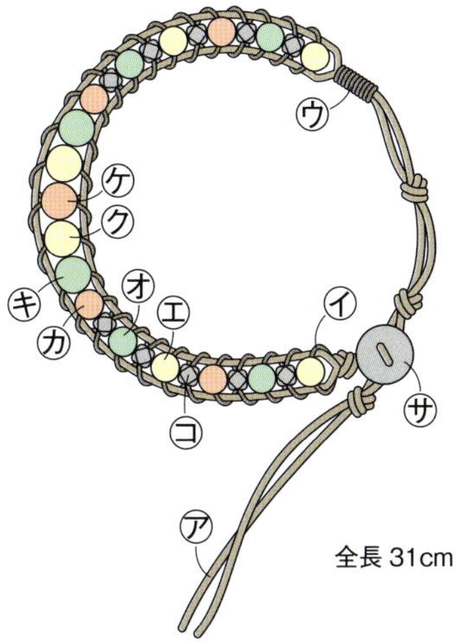

全長 31cm

| 材 料 |

- ㋐バフレザーコード（1.5mm/ナチュラル501） 100cm
- ㋑マイクロマクラメコード
  （0.7mm/ライトブラウン 1454） 120cm
- ㋒マイクロマクラメコード
  （0.7mm/ライトブラウン 1454） 25cm
- ㋓パワーストーン丸玉（6mm/アラゴナイトAC581） 4個
- ㋔パワーストーン丸玉（6mm/アベンチュリンAC287） 4個
- ㋕パワーストーン丸玉（6mm/カーネリアンAC282） 4個
- ㋖パワーストーン丸玉（8mm/アベンチュリンAC297） 2個
- ㋗パワーストーン丸玉（8mm/アラゴナイトAC591） 2個
- ㋘パワーストーン丸玉（8mm/カーネリアンAC292） 1個
- ㋙メタルビーズ多面
  （3mm/シルバー AC1651） 10個
- ㋚キャストピューターパーツ（シルバー AC469） 1個

※材料はすべてメルヘンアート

| 道 具 |

- はさみ
- ライター
- テープ

How to make

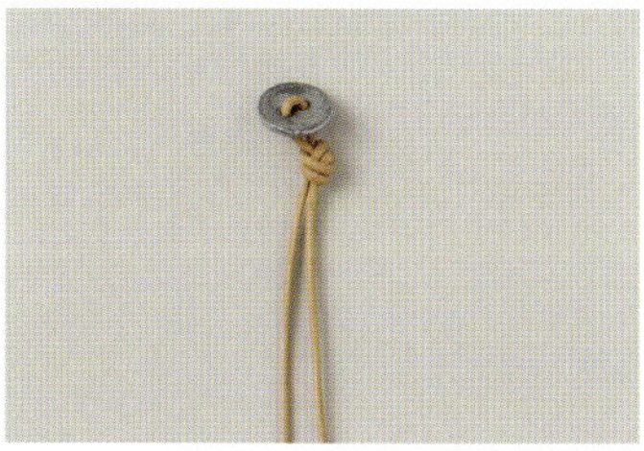

1 レザーコードをピューターパーツに通して二つ折りにし、下にひと結びする。

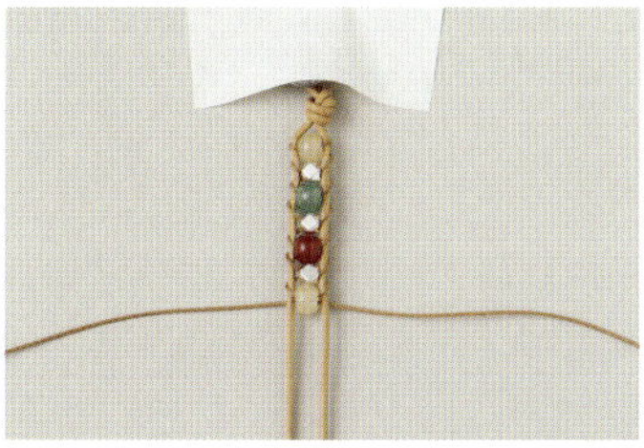

2 台などにテープで固定し、㋑のコードにビーズを㋓→㋙→㋔→㋙→㋕→㋙の順に通しながら、ラダーワーク（P.110参照）で結ぶ。

3 2をくり返し（最後の㋙は除く）、8mmの㋖→㋗→㋘→㋗→㋖の順に通す。2と対称に㋕～㋓を通し、レザーコードを㋒のコードでまとめ結び（P.110参照）し、焼きどめ（P.110参照）する。

4 2cm間隔に、レザーコードをひと結びする。3回くり返す。

Arrange

長めにつくると、ラップブレスに。多くの石で手元が華やかになります。

基本のコード結び

〈ねじり結び〉

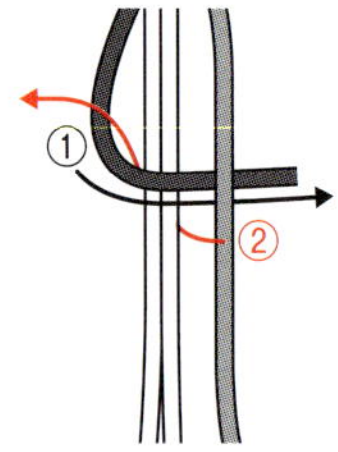

1 左側のひもから①、②の順で交差させる。

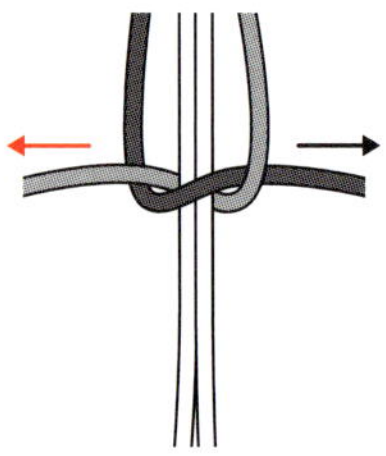

2 ひもを左右に引く。

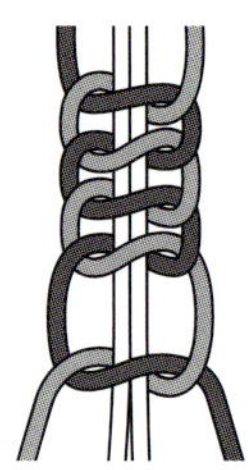

3 1、2をくり返すと自然に左から右へと結び目がねじれる。

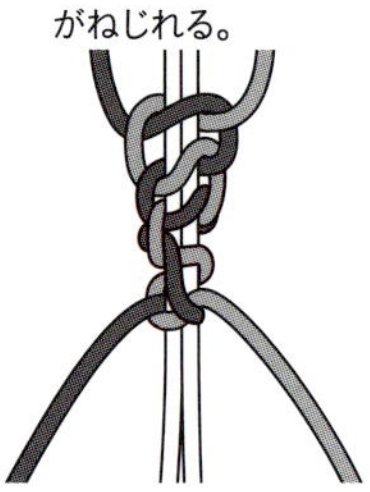

4 ねじれたところ。

〈平結び〉

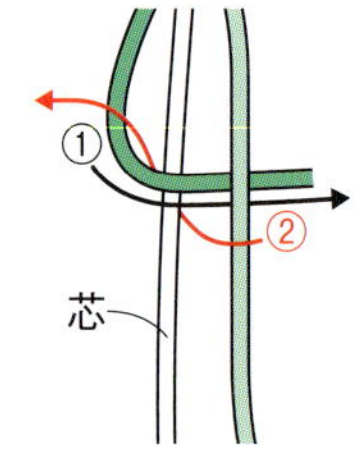

1 左側のひもから、①、②の順で交差させる。

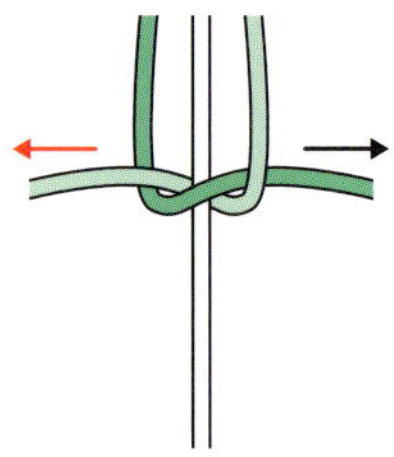

2 ひもを左右に引く。

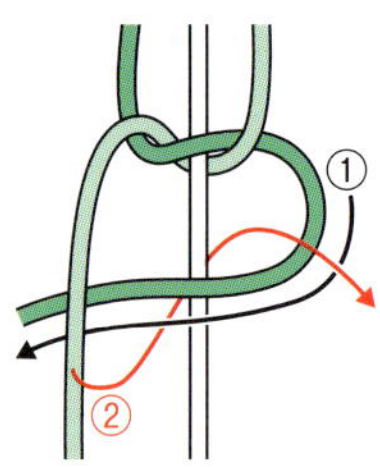

3 右側のひもから、①、②の順で交差させる。

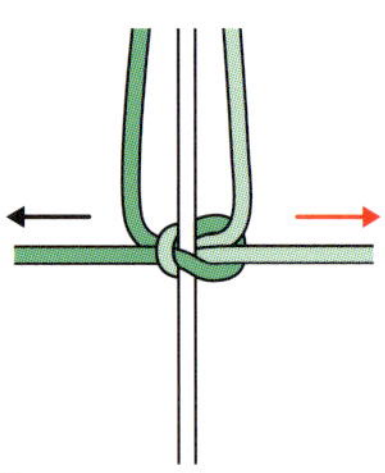

4 ひもを左右に引く。これをくり返す。

〈ラダーワーク〉

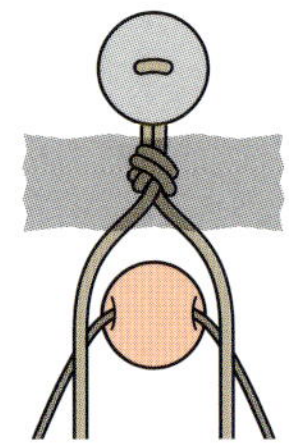

1 図のように配置し、ひもにビーズを中央まで通し、下に置く。

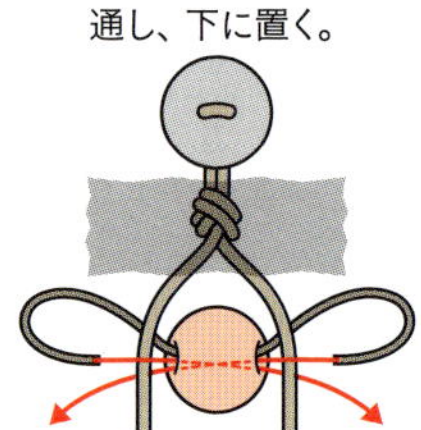

2 レザーコードをまたいでもう一度ひもを通し、引き締める。

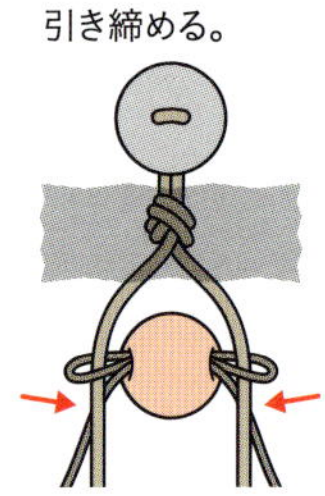

3 ひもをレザーコードの下に置く。

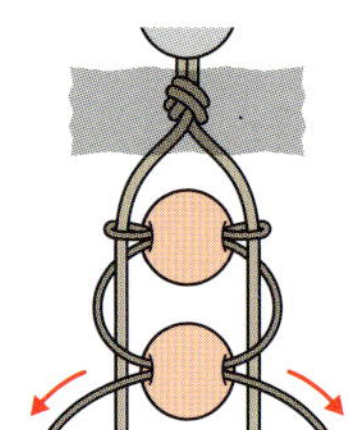

4 ひもを次のビーズに左右から通す。2、3をくり返す。

〈まとめ結び〉

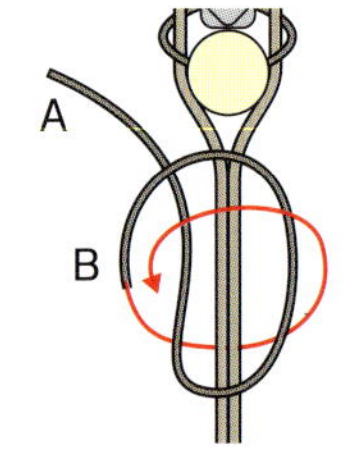

1 まとめたいひもに、別のひもを折って重ねる。Bのほうもぐるぐると巻きつける。

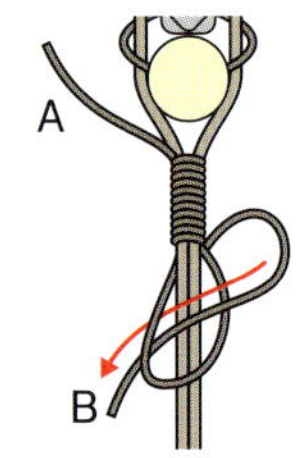

2 巻いたら、下の輪にひもの端を通す。

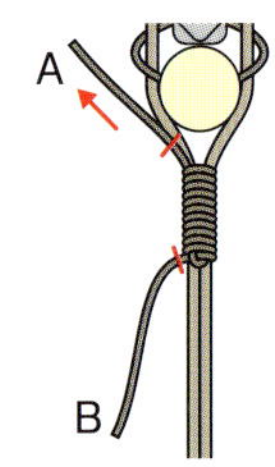

3 A側のひも端をしっかりと引くと、下の輪がひもに入って固定される。まとめ結びしたひもは根元で切る。

〈焼きどめ〉

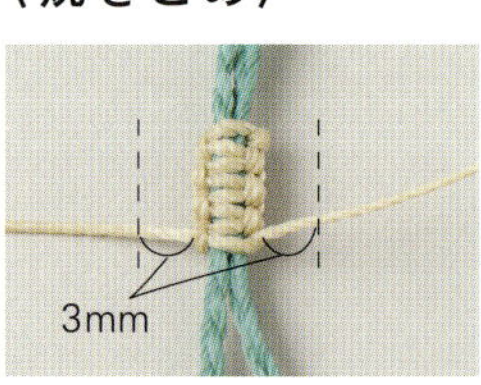

1 ひもの端は3mmほど残してカットする。

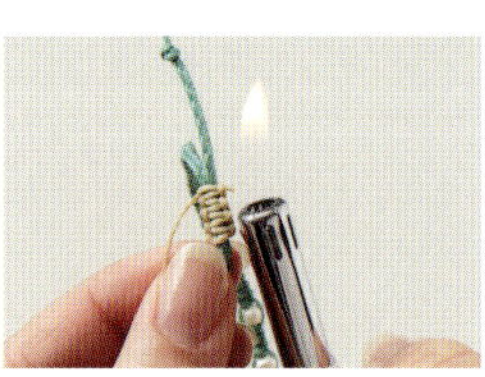

2 ライターの火（下の方の青い炎）をゆっくり近づけ、ひもを溶かす。

3 ひもの端が溶けたら、すぐにライターの側面（金属部分）を押しあてて、溶けた部分を固める。

※ライターを使うときは、やけどをしないように注意しましょう。

PART 5

RING

リング

no.54
お好み
レジンリング

好きな形でつくるリング。中には
ドライフラワーを入れます。

レジン How to make ► P.117
Design aco

no.55
パールとレジンの
ワイヤーリング

たらしたレジンがしずくをイメー
ジしたワイヤーリングです。

レジン How to make ► P.118
Design aco

no.56
パールのフープリング

まるでパールが浮かんでいるよう
な透明なリング。

レジン How to make ► P.119
Design aco

no.57
天然石のリング

存在感のある天然石がアクセントに。指先を目立たせます。

How to make ► P.120
Design Ambivalence

no.58
花畑のリング

花とチョウ、パールを使い、花畑をイメージしました。

How to make ► P.122
Design Ambivalence

58

57

no.59
きらめきリング

マニキュアのラメを活かし、きらめく仕上がりにしました。

(レジン) How to make ► P.121
Design nul

no.60
パールのリング

パールで大人シンプルな指先に。
パーティーにもおすすめです。

How to make ► P.123
Design chouchou-fil

no.61
リボンとパールのリング

リボンとパールは、女性らしさを
アップする組み合わせ。

How to make ► P.124
Design chouchou-fil

no.62
ビーズの
しゃらしゃらリング

ビーズをたくさんつなげて、軽やかな音のするリングにしました。

How to make ► P.125

Design chouchou-fil

no.63
パールとチャームの
夏リング

スターフィッシュと涼しげなガラスビーズが夏らしい雰囲気。

How to make ► P.126

Design Ambivalence

no.64
あわじ結びのリング

お祝いごとに使うあわじ結びをリングにしました。

How to make ► P.128
Design 伊藤りかこ

no.65
エスニックリング

カラフルなビーズを組み合わせたエスニックなリングです。

How to make ► P.127
Design 伊藤りかこ

no.66
平結びとビーズのリング

ビーズを通しながら平結びでつくるリングです。

How to make ► P.130
Design 伊藤りかこ

no.54 お好みレジンリング ► P.112

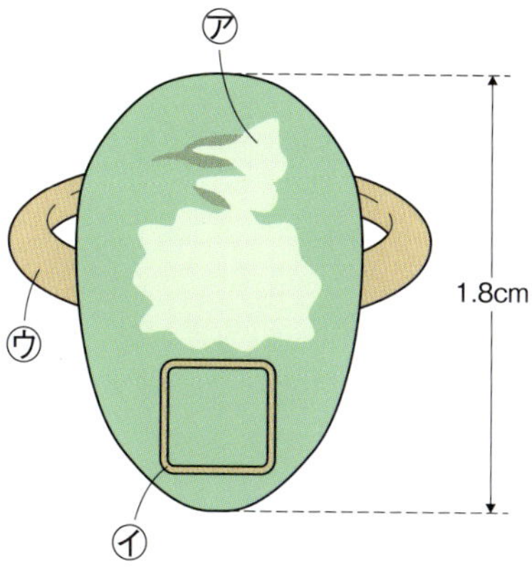

|材 料|

- ㋐ドライフラワー（かすみ草）　適量
- ㋑メタルフープ（四角 5mm/ゴールド）　1個
- ㋒リング台（丸皿付/ゴールド）　1個

|道 具|

- レジン用着色剤（緑）
- UVレジン
- UVライト
- つまようじ
- クリアファイル
- マスキングテープ
- やすり
- 接着剤

How to make

1 レジンを適量クリアファイルにたらし、着色剤を入れて混ぜる。

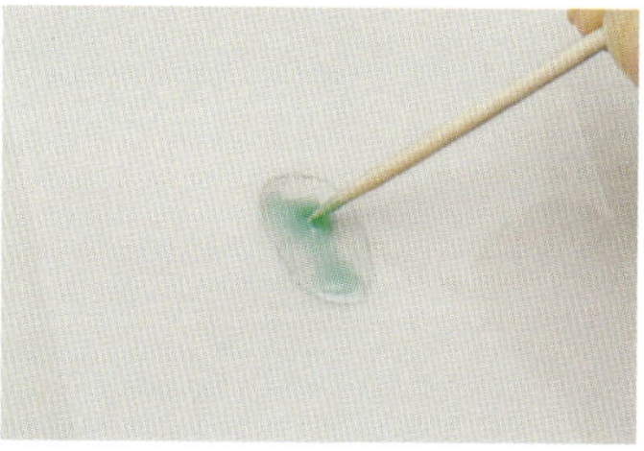

2 クリアファイルに薄くレジンを好きな形にたらし、UVライトで2分硬化させる。レジンをさらに好きな形にたらし、1を塗り重ねてUVライトで1分硬化させる。全体に色がのるまで2~3回くり返す。

3 レジンをたらし、ドライフラワーをちぎってちらし、UVライトで1分硬化させる。

4 やすりで形を整え、レジンをたらす。メタルパーツをのせ、UVライトで1~2分硬化させる。ぷっくりとなるまで2~3回くり返す。

5 リング台に接着剤で4をつける。

Arrange

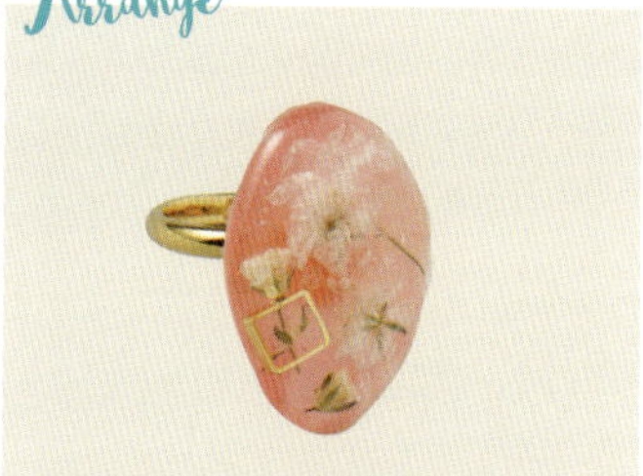

着色剤の色をピンクに。中に違う種類のドライフラワーを入れてみてもいいでしょう。

no.55 パールとレジンのワイヤーリング ► P.112

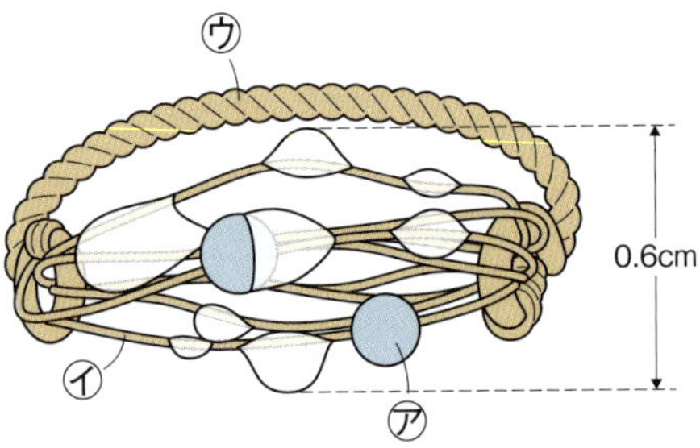

|材 料|

- ㋐パール（2mm/ホワイト）　2個
- ㋑真鍮ワイヤー（0.32mm/ゴールド）　50cm
- ㋒リング台（ハーフタイプ/ゴールド）　1個

|道 具|

- UVレジン
- UVライト
- つまようじ
- 平ヤットコ
- ニッパー

How to make

1 リング台の両方の穴にワイヤーを通す。

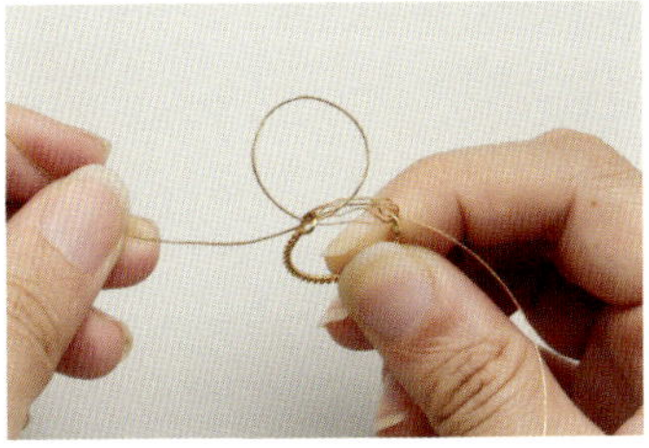

2 1を2回くり返す。

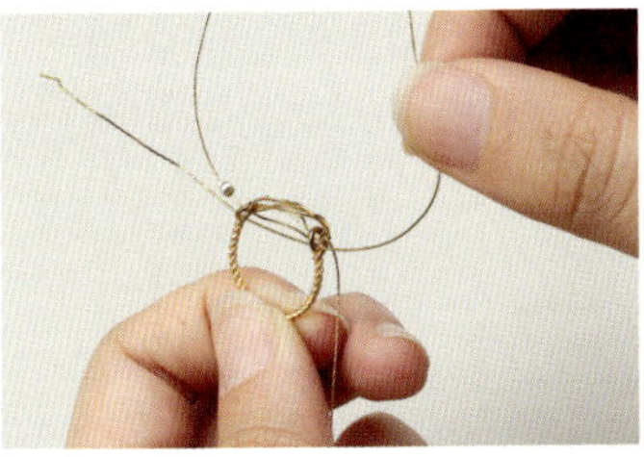

3 ワイヤーにパールを通し、さらにワイヤーを交互に通す。

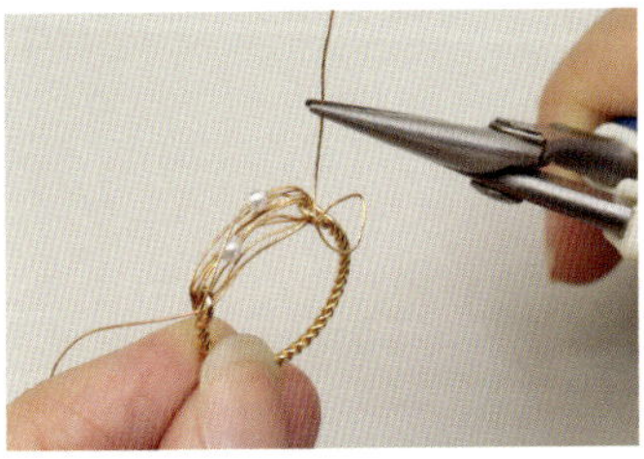

4 巻き終わりは、リング台の穴に巻きつける。余分なワイヤーをカットし、平ヤットコで端をおしつぶす。

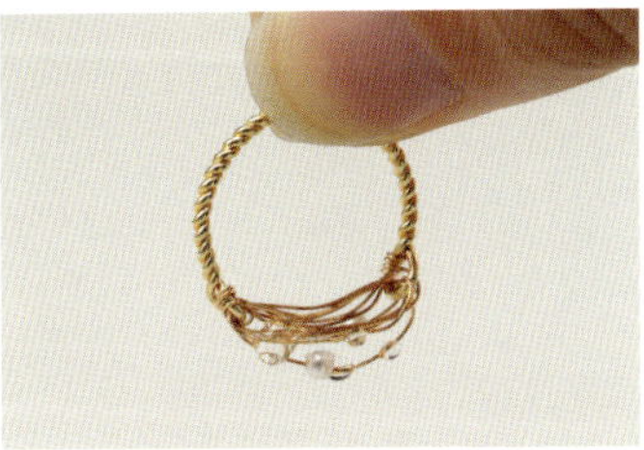

5 ワイヤー部分に、レジンをつまようじで数摘たらす。パールの脇にもレジンをたらす。リングを逆さまにして平ヤットコではさみ、UVライトで2分硬化させる。

no.56 パールのフープリング ► P.112

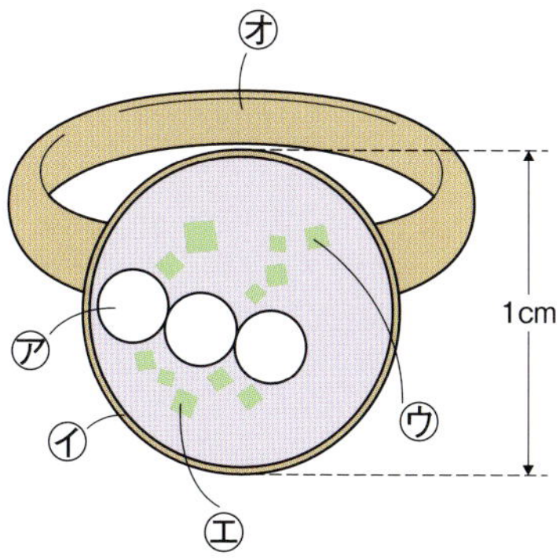

|材 料|

- ㋐半球パール（2mm/ホワイト） 3個
- ㋑メタルフープ
  （丸 10mm/ゴールド） 1個
- ㋒ホログラム 適量
- ㋓金箔 適量
- ㋔リング台（丸皿/ゴールド） 1個

|道 具|

- UVレジン
- UVライト
- クリアファイル
- つまようじ
- 接着剤

How to make

1 クリアファイルなどにメタルフープをのせて薄くレジンを入れ、UVライトで1~2分硬化させる。

2 レジンを入れ、ホログラム、金箔をのせ、UVライトで1~2分硬化させる。さらにレジンを重ね、UVライトで1~2分硬化させる。

3 レジンを入れ、パールを3個並べる。UVライトで1~2分硬化させる。

4 リング台に接着剤で3をつける。

no.57 天然石のリング

► P.113

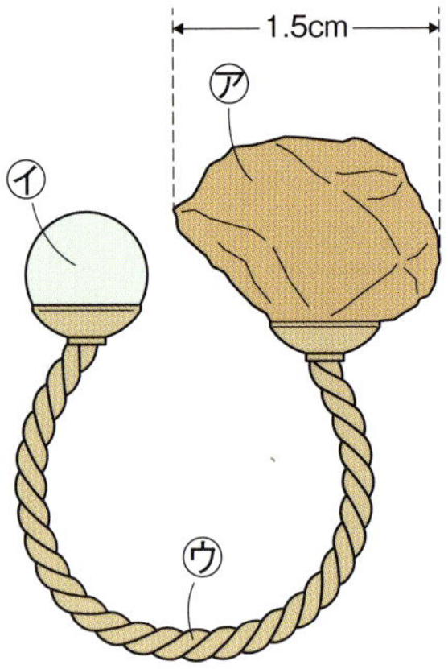

材料

- ㋐天然石
（半貴石ラフカット シトリン 穴なし）1個
- ㋑スワロフスキー
クリスタルパール #5818
（片穴 6mm/パステルグリーン） 1個
- ㋒リング台
（両側おわん付/ゴールド） 1個

道具

- 接着剤
- つまようじ

How to make

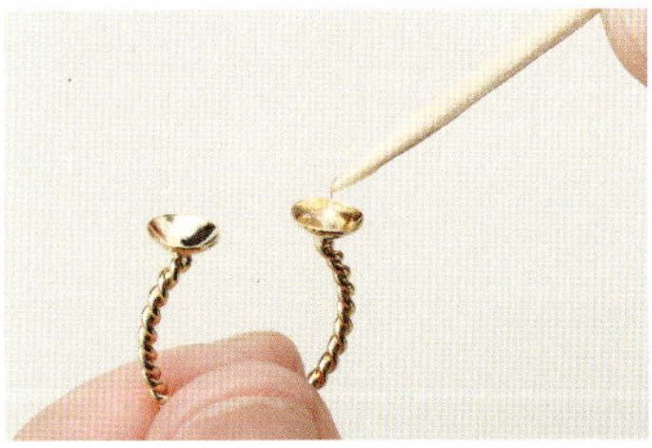

1 リングのおわん部分に接着剤をつけ、石とパールをそれぞれ接着する。

石は、丸みのあるところを選んで、リングのおわん部分に接着しましょう。

no.59 きらめきリング ► P.113

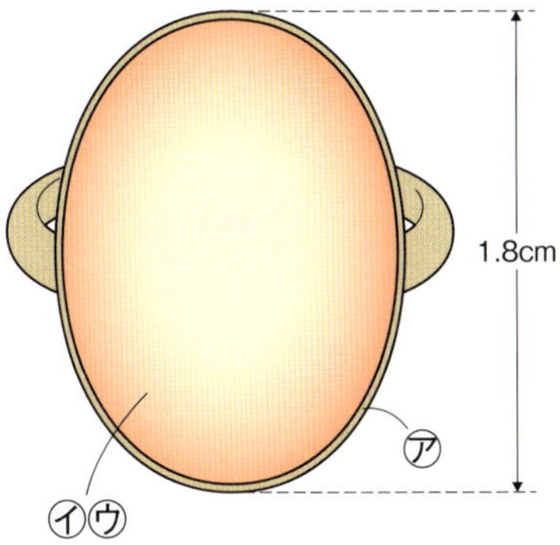

|材 料|

- ㋐リング台
  （オーバル皿付／ゴールド） 1個
- ㋑ラメ入りマニキュア（好みの色） 適量
- ㋒ラメ入りマニキュア（クリア） 適量

|道 具|

- UVレジン
- UVライト
- メラミンスポンジ
- つまようじ

How to make

1 台座が水平になるように、スポンジに切り込みを入れてリングを立てる。リング台の皿の全面に、色付きマニキュアを塗る。ラメ入りのクリアマニキュアを塗り重ねる。

2 1のマニキュアが乾いたら、レジンをのせ、つまようじで全体にのばす。

3 UVライトで5~6分硬化させる。

point

メラミンスポンジに切り込みを入れると、リングやピアスなどを立てておくことができます。接着剤をつけて乾かしているときや、レジンを塗ってライトにあてるときなどに、傾いたりまわりについたりしないので便利です。

Arrange

マニキュアの色を変えるだけで、違う印象になります。ラメは多くのせると、よりきらめきが増します。

no.58 花畑のリング ► P.113

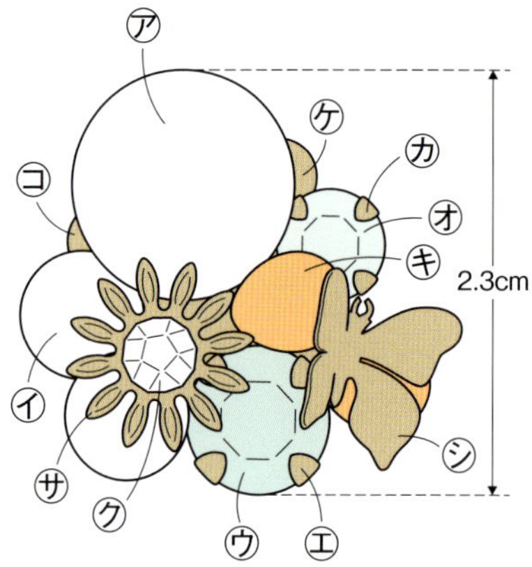

|材 料|

- ・㋐コットンパール（12mm/キスカ） 1個
- ・㋑コットンパール（6mm/キスカ） 2個
- ・㋒スワロフスキー #1088（約8mm/クリスタルミントグリーン） 1個
- ・㋓石座（#1088用約8mm/ゴールド） 1個
- ・㋔スワロフスキー #1088（約6mm/クリスタルパウダーグリーン） 1個
- ・㋕石座（#1088用約6mm/ゴールド） 1個
- ・㋖チェコしずく（9×6mm 横穴/トパーズ） 2個
- ・㋗スワロフスキー #5000（4mm/クリスタルAB） 1個
- ・㋘樹脂カラーパール（4mm/ブライトゴールド） 1個
- ・㋙樹脂カラーパール（3mm/ブライトゴールド） 1個
- ・㋚メタルフラワー（11mm/ゴールド） 1個
- ・㋛メタルパーツチョウ（ゴールド） 1個
- ・㋜リング台（シャワー台付 15mm/ゴールド） 1個

|道 具|

- ・丸ヤットコ
- ・平ヤットコ
- ・テグス（3号）

How to make

※つくり方では、わかりやすいようにテグスに色をつけています

1 石座にスワロフスキーをそれぞれとめる。テグスを60cmに切る。

2 チョウパーツを丸ヤットコでまげて、立体的にする。

3 シャワー金具に㋒のスワロフスキーを縫いとめる。

4 テグスをひっぱり、しっかりとシャワー金具にとめる。

5 次に㋔のスワロフスキーを縫いとめる。

6 テグスをひっぱり、裏で一度固結びをする。

7 順にビーズやスワロフスキーを縫いとめ、メタルパーツを最後に上にのせて縫いとめる。

8 すべて縫いとめた裏側の様子。

9 リング台に8を固定する。

Arrange

シャワー台にテグスで縫いとめ、リングではなくブローチにしました。また、スワロフスキーや石の色を変えました。小ぶりなので、シャツなどの襟元につけても。

no.60 パールのリング ► P.114

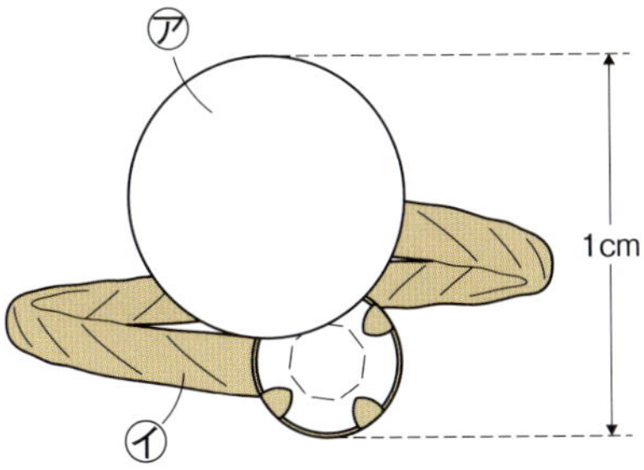

|材 料|

・㋐コットンパール（8mm/ホワイト） 1個
・㋑リング台
（片側おわん付 ストーン付/ゴールド） 1個

|道 具|

・接着剤

How to make

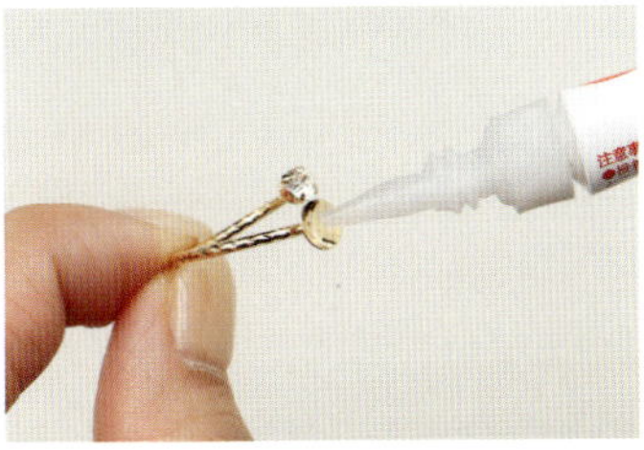

1 リングのおわん部分にパールを接着剤でつける。

no.61 リボンとパールのリング ► P.114

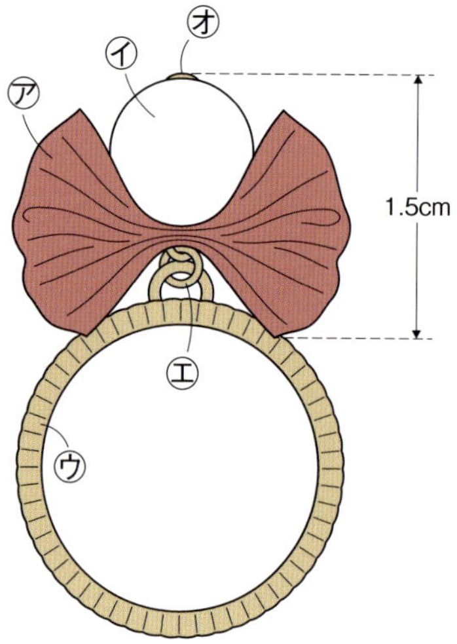

|材 料|

- ㋐シルクリボン（ピンク） 4cm
- ㋑コットンパール（8mm/ホワイト） 1個
- ㋒リング台（カン付/ゴールド） 1個
- ㋓丸カン（0.6×3mm/ゴールド） 1個
- ㋔Tピン（0.5×20mm/ゴールド） 1本

|道 具|

- 目打ち（極細）
- 丸ヤットコ
- 平ヤットコ
- ニッパー

How to make

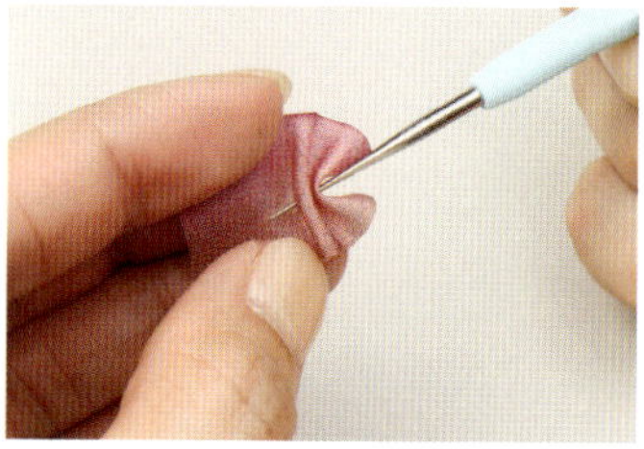

1 シルクリボンをじゃばらに折りながら、極細目打ちでTピンを通す穴をあける。

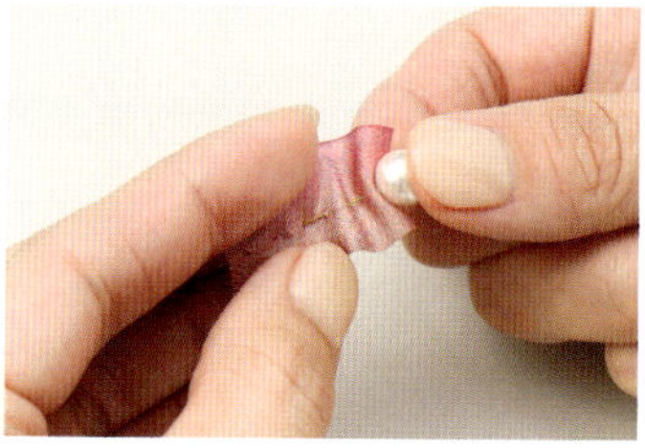

2 パールにTピンを通し、1の穴に通す。

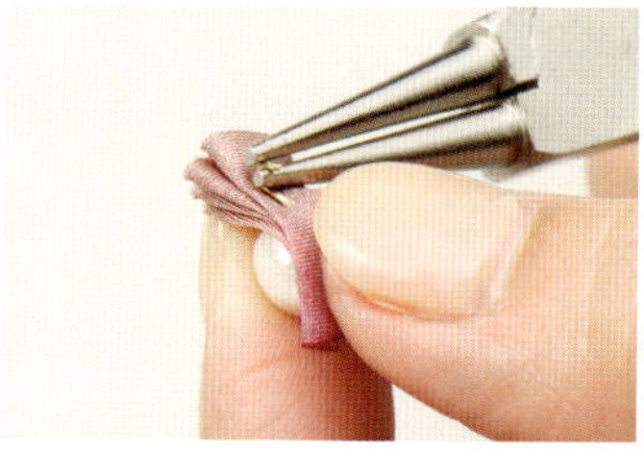

3 リボンを指で押えながら、Tピンの余分な長さをカットし、先を丸める。

4 リボンの形を整える。

5 リング台のカンに、4を丸カンでつなぐ。

Arrange

リボンの色をブルー系にしました。グラデーションのあるものを使いましたが、単色のものでもかわいい仕上がりになります。

no.62 ビーズのしゃらしゃらリング ► P.115

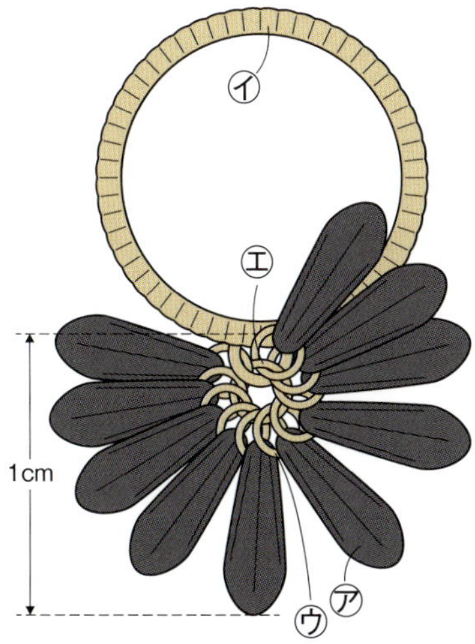

|材 料|

- ㋐チェコビーズ
  (ダガー 11×3mm/ジェット) 10個
- ㋑リング台 (カン付/ゴールド) 1個
- ㋒丸カン (0.6×4mm/ゴールド) 10個
- ㋓丸カン (1.2×7mm/ゴールド) 1個

|道 具|

- 丸ヤットコ
- 平ヤットコ

How to make

1 ダガービーズにそれぞれ㋒の丸カンをつける。

2 1を㋓の丸カンにまとめ、リング台のカンにつなぐ。

Arrange

ビーズの色をハニークリスタルに替えました。明るく透明感のある仕上がりに。リング金具のゴールドとよくなじみます。

no.63 パールとチャームの夏リング ► P.115

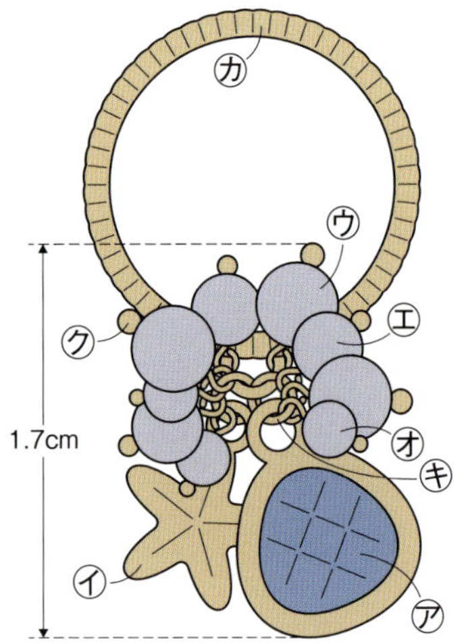

材料

- ㋐ガラスビーズ
  （シャネルストーン平しずくカン付
  10×13mm/アイオライト ゴールド） 1個
- ㋑メタルパーツ
  （ヒトデ/マットゴールド） 1個
- ㋒淡水パール
  （ポテト 5mm/シルバーグレー） 3個
- ㋓淡水パール
  （ポテト 4mm/シルバーグレー） 3個
- ㋔淡水パール
  （ポテト 3mm/シルバーグレー） 3個
- ㋕リング台（カン付/ゴールド） 1個
- ㋖丸カン（0.7×35mm/ゴールド） 2個
- ㋗丸ピン（0.5×20mm/ゴールド） 9本

道具

- 丸ヤットコ
- 平ヤットコ
- ニッパー

How to make

1 リングのカンにガラスビーズとメタルパーツを、丸カンでそれぞれつなぐ。

2 淡水パールにそれぞれ丸ピンを通し、余分なピンをカットし、先を丸める。

3 丸めた丸ピンの先を開き、1の丸カンにすべてつなぐ。

4 つないだところ。

Arrange

メタルパーツをクラウンにしました。モチーフはいろいろ種類があるので、お好みで選んでみましょう。

no.65 エスニックリング ► P.116

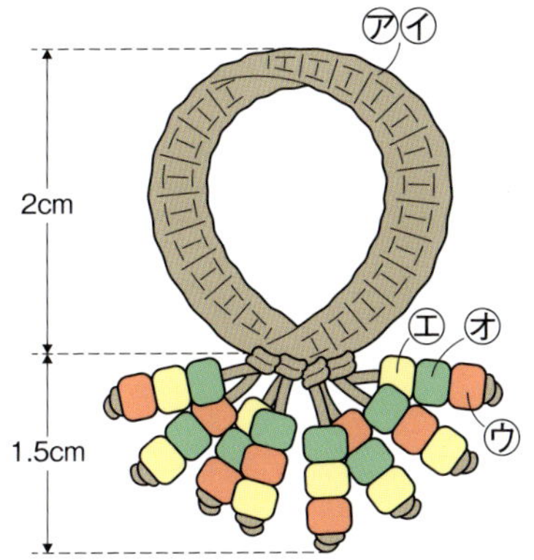

|材 料|

・㋐マイクロマクラメコード
（0.7mm/ベージュ 1455） 50cm×2本
・㋑マイクロマクラメコード
（0.7mm/ベージュ 1455） 25cm×2本
・㋒丸大ビーズ（オレンジ） 8個
・㋓丸大ビーズ（イエロー） 8個
・㋔丸大ビーズ（グリーン） 8個

※結びの長さが5cm程度で7~8号サイズ目安です

※コードはすべてメルヘンアート

|道 具|

・はさみ
・ライター
・テープ

How to make

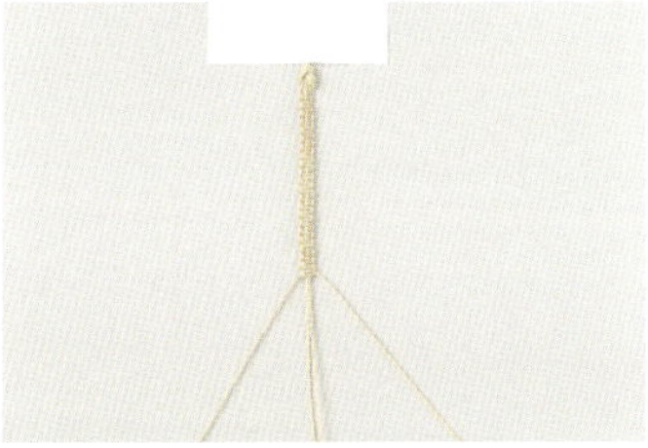

1 ㋐と㋑のコードを揃え、上に10cm残して台などにテープでとめる。仮にひと結びし、㋑の2本を芯にして平結び（P.110参照）を5cm結ぶ。※自分の指のサイズに合わせて長さを調整する

2 仮結びをほどき、結び始めと結び終わりを、それぞれ2本取りにして、ひと結びする（右図参照）。

[コードの結び位置]

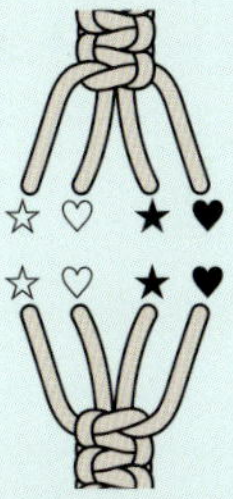

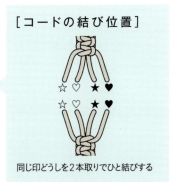

同じ印どうしを2本取りでひと結びする

3 ひもそれぞれにビーズを各色1個ずつ合計3個通し、端をひと結びする。ひも端は焼きどめ（P.110参照）する。

Arrange

ひもの色をこんじょう（紺色）にし、ビーズも青、白、水色にしてマリンスタイルにしました。夏にぴったりなアレンジです。

no.64 あわじ結びのリング

► P.116

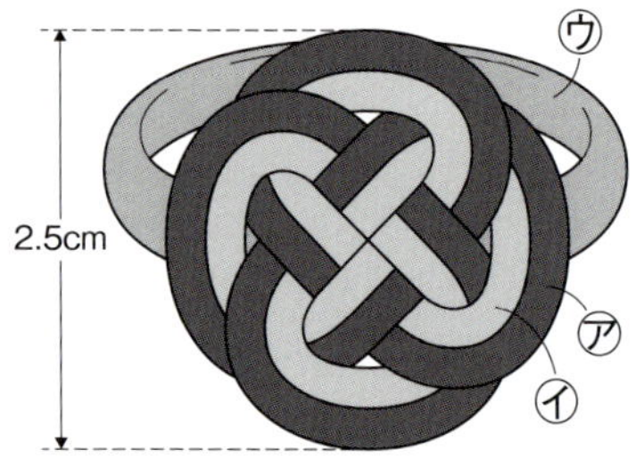

材料

- ㋐ロマンスコード
（1.5mm/ブラック856）　35cm
- ㋑ロマンスコード
（1.5mm/ホワイト859）　35cm
- ㋒リング台（丸皿付/シルバー）　1個

※コードはすべてメルヘンアート

道具

- はさみ
- 接着剤
- つまようじ

How to make

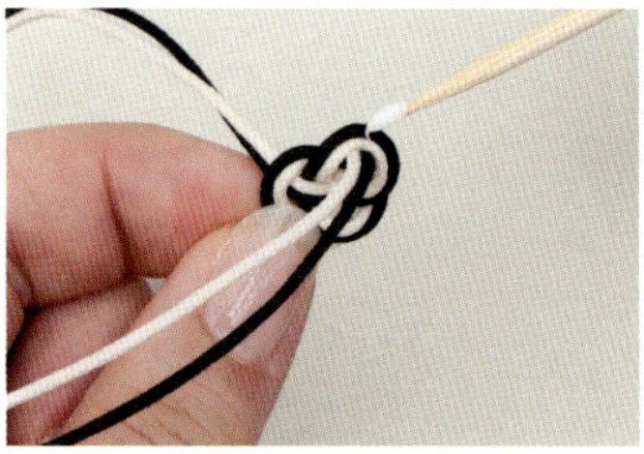

1 ㋐のコードであわじ結び（右ページ参照）をする。㋑のコードを添わせて通し、写真のように右の裏側に接着剤でつけ、乾いたらギリギリでカットする。

2 裏側にとめたところ。左側の2本で矢印のように下に輪をつくる。

3 裏側で端を重ねる。接着剤でとめ、乾いたら、ギリギリでカットする。

Arrange

コードの色を、ホワイトとピンクにしました。より華やかな印象になります。

〈あわじ結び〉

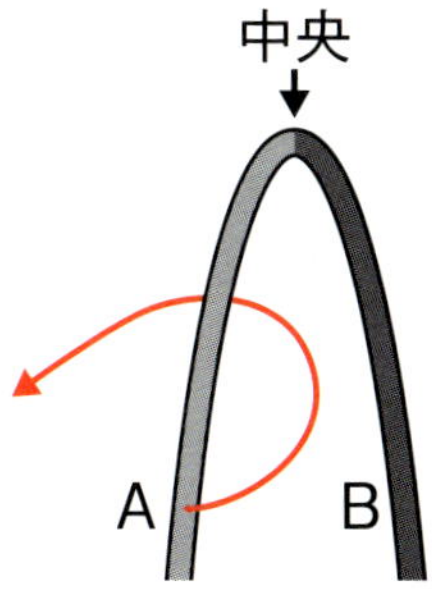

1 中央で二つ折りにし、Aで輪をつくる。

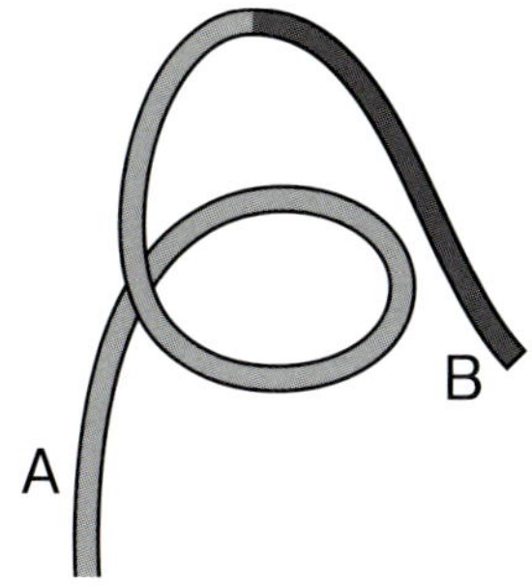

2 Bを輪にのせる。

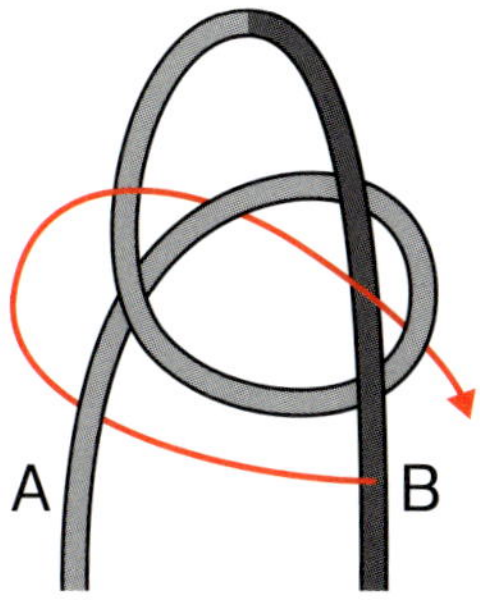

3 Bを左から右へ縫うように通す。

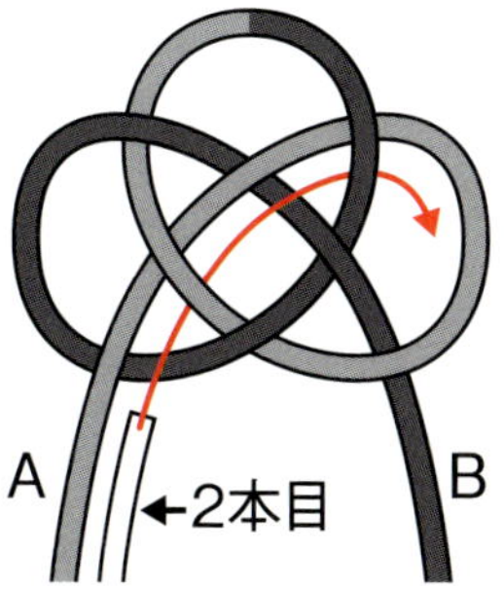

4 形を整えながら、2本目を内側に添わせるようにして通す。

memo

いろいろあるリング台

パーツを丸皿に接着するだけ、カンにつなぐだけなど簡単にできるリング。石座がついたものは、サイズの合うビジューをはめてツメを折り込めばできあがり。とっても簡単です。ほかにも左の写真のようなフォークリング台タイプは、おわんの部分にパールや石を接着剤で貼るだけ。ビジューがもともとはめ込んであるので、それだけでおしゃれな仕上がりになります。

no.66 平結びとビーズのリング ► P.116

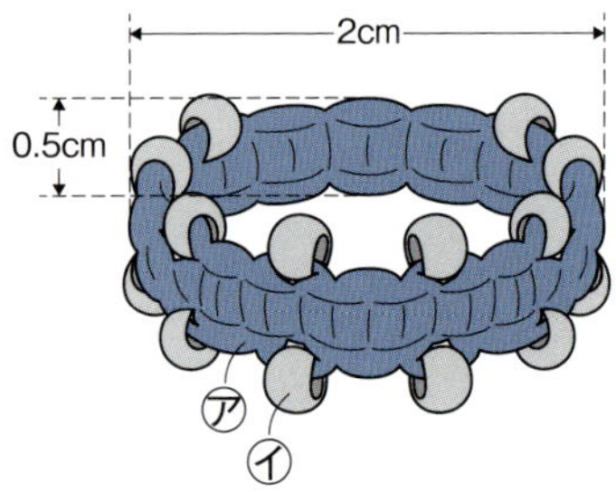

材料

- ㋐マイクロマクラメコード
  （0.7mm/ブルー 1448）　50cm×2本
- ㋑メタルビーズ
  （極小2.5mm/シルバー AC1642）16個

※結びの長さが5cm程度で7~8号サイズ目安です

※材料はすべてメルヘンアート

道具

- はさみ
- ライター
- テープ

How to make

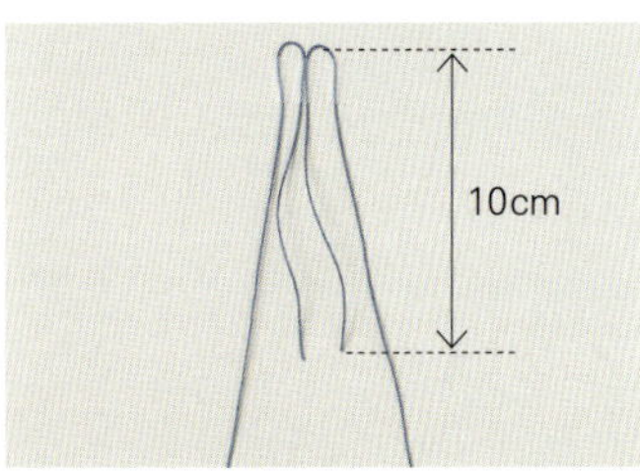

1 コードを写真のように10cm折り、内側2本を芯にし、上に輪を少し開けて台などにテープで固定し、平結び（P.110参照）を2回結ぶ。

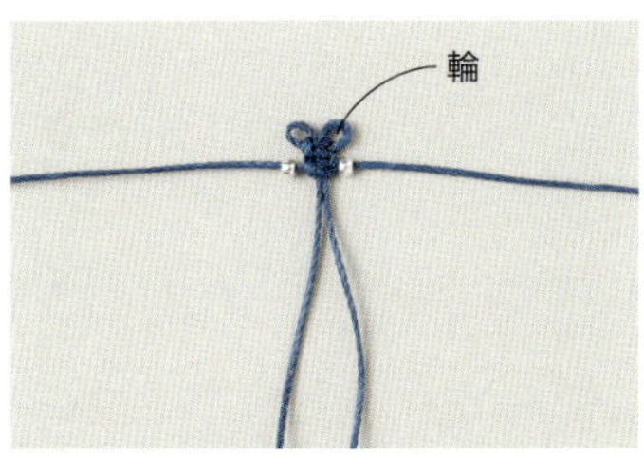

2 長い方のコード2本にそれぞれビーズを1個ずつ通す。

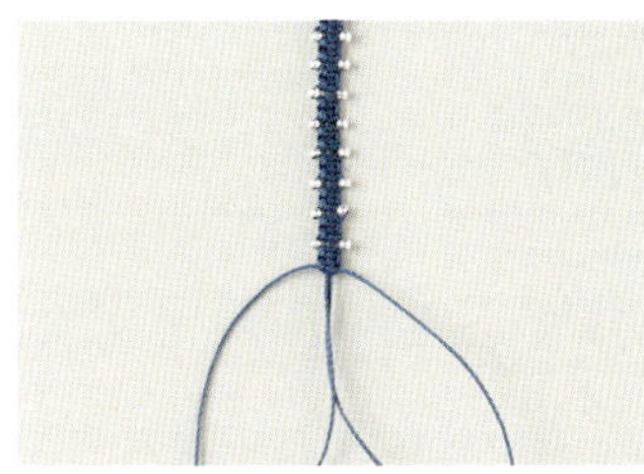

3 平結びを2回結ぶ。2、3をあと7回くり返す。

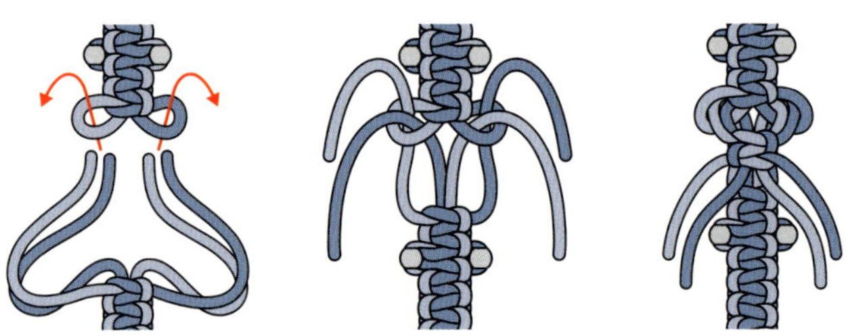

4 1で開けた輪にコードの端4本を通して、リング状にする。通した部分4本と内側のコード2本を芯にして、平結びを3回結ぶ。※自分の指のサイズに合わせて回数を調整する。

5 コード端はカットして、焼きどめ（P.110参照）する。

PART 6

HAIR ACCESSORY

ヘアアクセサリー

no.67 ファーのリボンヘアゴム

フワフワのファーとリボンで、女性らしいヘアゴムです。

How to make ► P.134
Design chouchou-fil

no.68 パールとリーフのヘアゴム

パールにリーフのパーツを組み合わせました。

How to make ► P.135
Design nul

no.69 さざれ石のヘアゴム

シンプルなフープに、さざれ石をのせました。涼しげな見た目に。

(レジン) How to make ► P.136
Design nul

no.70 お花のヘアゴム

お花を描いたプラバンをヘアゴムパーツにしました。

(プラバン) How to make ► P.138
Design シモオオゾノミホ

no.71 ドライフラワーの額縁ヘアゴム

額縁の中に、絵のようにドライフラワーを散らしました。

(レジン) How to make ► P.137
Design aco

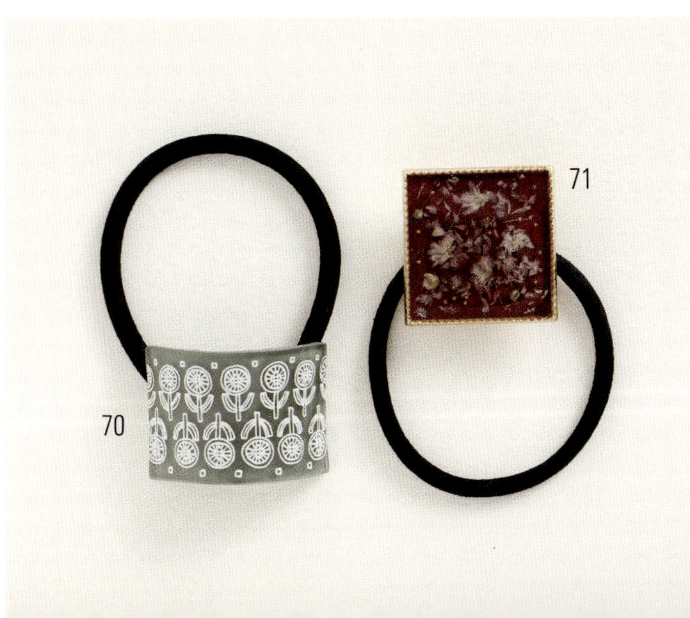

no. 72
ビジューとパールのヘアピン

華やかなビジューで、お呼ばれにおすすめです。

How to make ► P.140
Design Ambivalence

no. 73
シンプルバレッタ

絵の具でコットンパールをイメージして塗ったプラバンバレッタ。

(プラバン) How to make ► P.141
Design シモオオゾノミホ

no. 74
さざれ石のヘアピン

さざれ石とブリオン、パールをレジンで包み込みました。

(レジン) How to make ► P.142
Design aco

no.67 ファーのリボンヘアゴム ► P.132

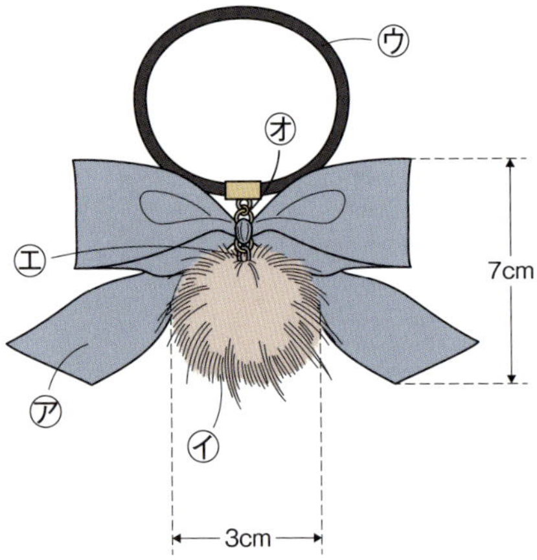

|材料|

- ㋐シルクリボン（5cm幅/黒）　45cm
- ㋑ラビットファー（カン付/グレー）　1個
- ㋒ヘアゴム金具（カン付/ゴールド）　1個
- ㋓丸カン（1.2×7mm/ゴールド）　2個
- ㋔丸カン（0.6×3mm/ゴールド）　1個

|道具|

- 丸ヤットコ
- 平ヤットコ

How to make

1 シルクリボンを蝶々結びにする。

2 1の結び目の中心に裏表1個ずつ㋓の丸カンをつける。

3 表の丸カンとファーをつなぐ。

4 ヘアゴムのカンに3を㋔の丸カンでつなぐ。

Arrange

リボンの色を替えました。ファーもいろいろとあるので、リボンと合わせてコーディネートしてみてください。

no.68 パールとリーフのヘアゴム ► P.132

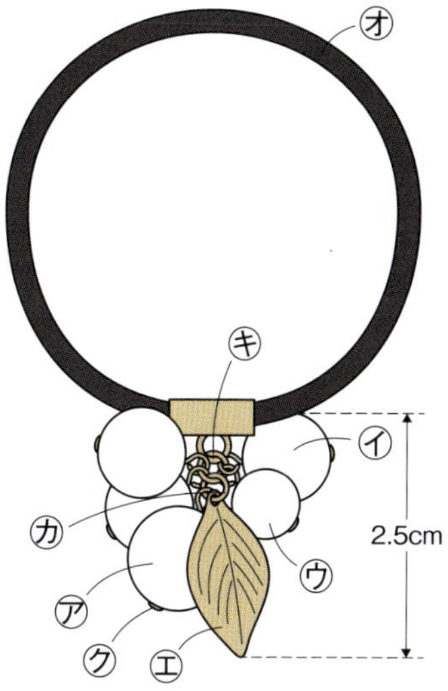

|材 料|

・㋐コットンパール（12mm/ホワイト）1個
・㋑コットンパール（10mm/ホワイト）3個
・㋒コットンパール（8mm/ホワイト） 1個
・㋓メタルパーツ（リーフ/ゴールド） 1個
・㋔ヘアゴム金具（カン付/ゴールド） 1個
・㋕丸カン（0.7×4mm/ゴールド） 1個
・㋖丸カン（0.7×5mm/ゴールド 1個
・㋗Tピン（0.6×25mm/ゴールド） 5本

|道 具|

・丸ヤットコ
・平ヤットコ
・ニッパー

How to make

1 コットンパールにそれぞれTピンを通し、余分なピンをカットし、先を丸める。

2 すべてのコットンパールにTピンをつけたところ。

3 ㋐のコットンパールとメタルパーツを㋕の丸カンに通し、丸カンをとじる。

4 ㋑㋒のコットンパール、3を㋖の丸カンに通し、ヘアゴムのカンにつなぐ。

Arrange

コットンパールとリーフパーツを丸カンでつなぎ、チェーンに通してネックレスにしました。ヘアゴムとお揃いでつけてみても。

no.69 さざれ石のヘアゴム

► P.132

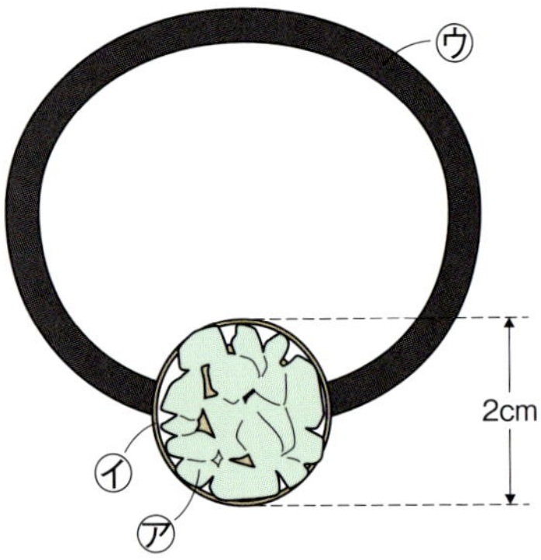

材 料

- ㋐天然石
  （さざれ石または好みの石）　適量
- ㋑メタルパーツ
  （ヒモノリング 20mm/ゴールド）　1個
- ㋒ヘアゴム金具（丸皿付/ゴールド）　1個

道 具

- UVレジン
- UVライト
- つまようじ
- 厚紙
- マスキングテープ
- 接着剤

How to make

1 厚紙にマスキングテープを接着面が上になるように貼り、ヒキモノリングをのせる（あとで、レジンが流れないように強く押しつける）。

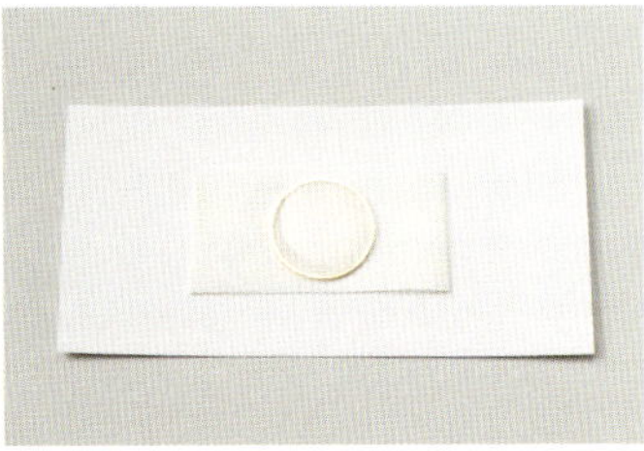

2 ヒキモノリングにレジンを薄めに入れ、UVライトで4分硬化させる。

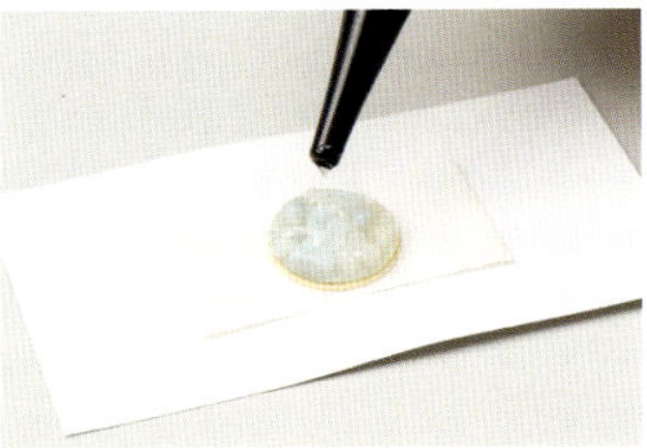

3 硬化したらもう一度レジンを入れ、さざれ石をバランスよくのせる。上からレジンを薄くのせ、UVライトで5分硬化させる。

4 3をマスキングテープからはがし、裏面にもレジンをつまようじで薄く塗り、UVライトで5分硬化させる。

5 4の裏面に接着剤でヘアゴムパーツをつける。

no.71 ドライフラワーの額縁ヘアゴム ► P.132

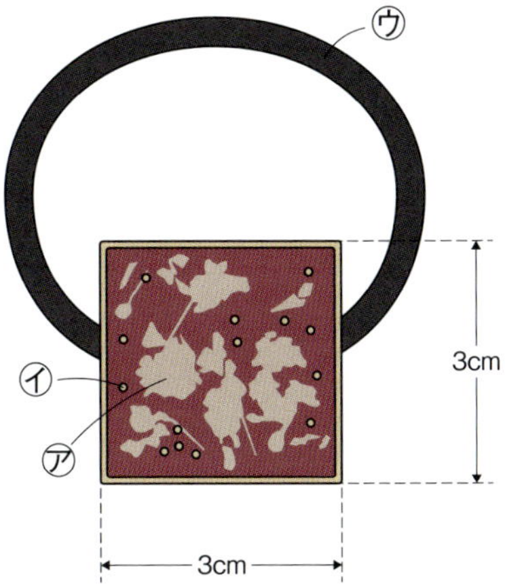

|材 料|

・アドライフラワー（かすみ草） 適量
・イブリオン（1mm/ゴールド） 14個
・ウヘアゴム金具（角皿付/ゴールド）1個

|道 具|

・アクリル絵の具（ボルドー）
・筆
・UVレジン
・UVライト
・つまようじ
・やすり

How to make

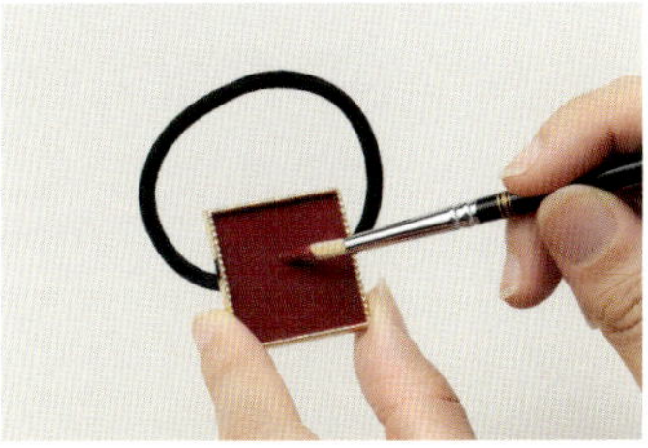

1 ヘアゴム金具の平皿に絵の具を塗り、乾燥させる。

2 レジンをつまようじで薄く塗り、ドライフラワーを指でつぶしながら入れ、UVライトで1~2分硬化させる。

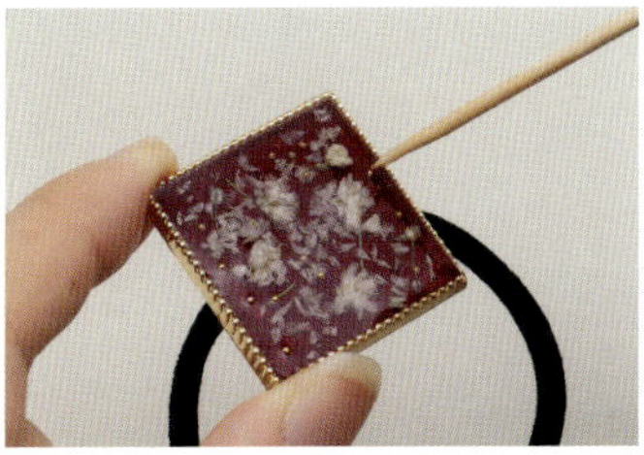

3 レジンを入れ、バランスを見ながら、ドライフラワーを足して、UVライトで1~2分硬化させる。レジンをさらに入れ、ブリオンを散らし、UVライトで1~2分硬化させる。

4 表面のでこぼこをやすりで整える。

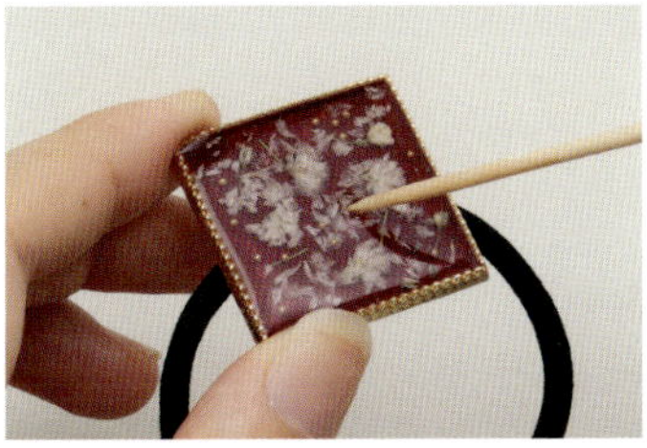

5 レジンをぷっくりとのせ、UVライトで1~2分硬化させる。もう一度くり返す。

Arrange

絵の具を黒にしてアレンジしました。よりシックな雰囲気になります。

no.70 お花のヘアゴム

► P.132

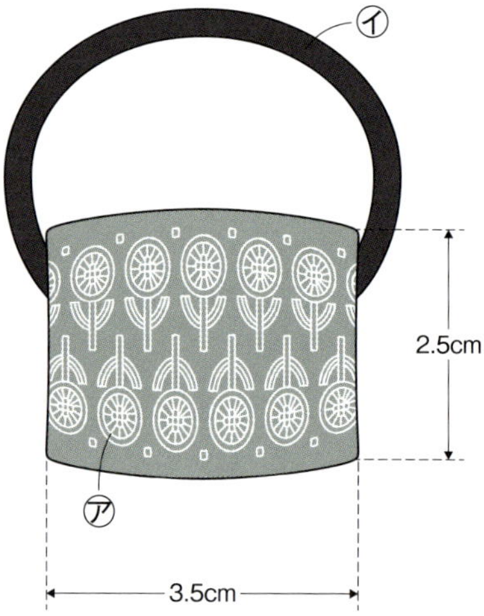

材 料

- ㋐プラバン（厚さ0.4mm）　10×6cm
- ㋑ヘアゴム金具（丸皿付/ゴールド）1個

道 具

- ポスカ（極細/白）
- アクリル絵の具（グレイッシュグリーン）
- ニス
- 筆
- UVレジン
- UVライト
- 接着剤
- 紙やすり（600番）
- 布手袋
- トースター

How to make

プラバンの基本のテクニックはP.20参照

1 やすりがけしたプラバンの角を1~2mmカットする。

2 やすりがけした面に、ポスカで図案を描き写す。

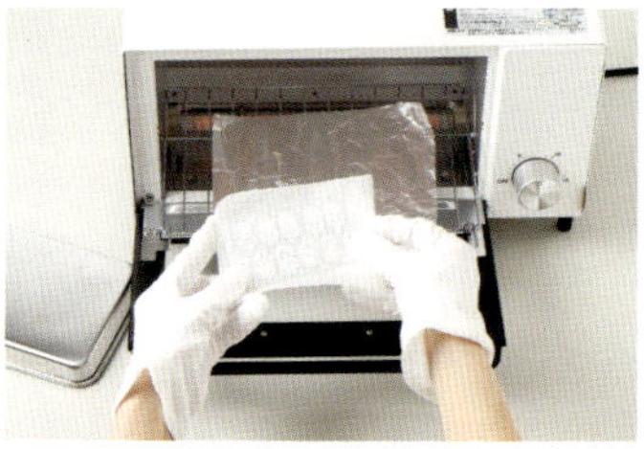

3 図案を描いた面を下にしてトースターで焼き、動きがとまったら取り出す。

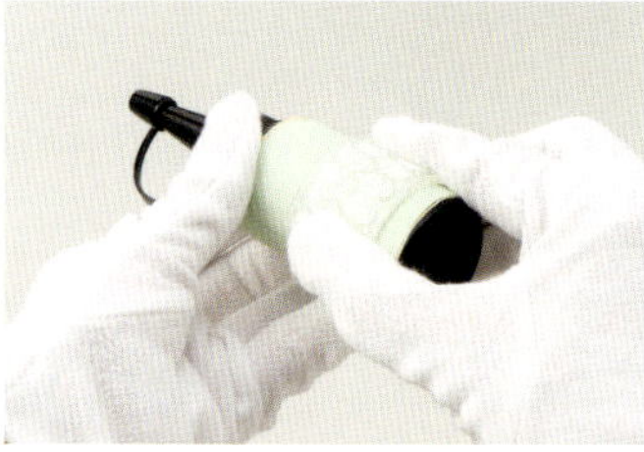

4 熱いうちに軽くプレスし、すぐに直径3.5~4cmのビンやコップなどに沿わせてカーブさせる。

5 裏面にアクリル絵の具を塗る。

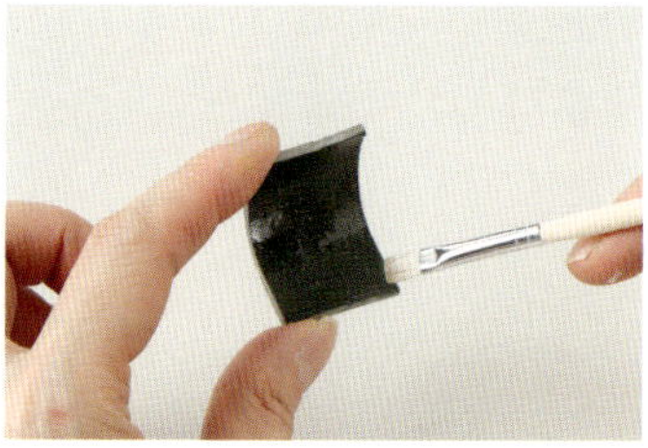

6 絵の具が乾いたらニスを塗り、乾かす。

7 ヘアゴム金具をつけるため裏側の真ん中にレジンをぽってりと塗り、平らな部分をつくる。UVライトで2分硬化させる。

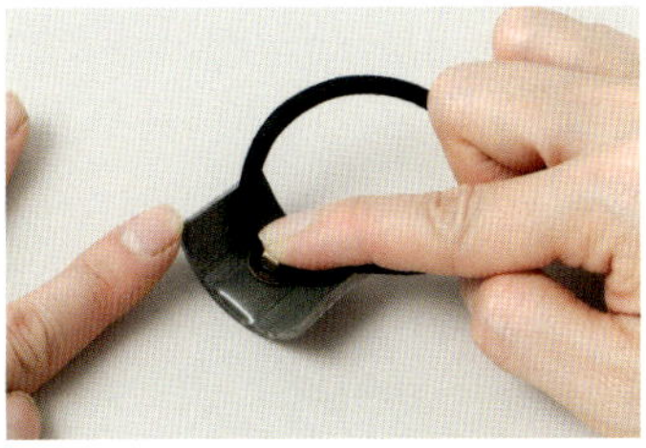

8 7に、接着剤でヘアゴムパーツをつける。

Arrange

アクリル絵の具をゴールドにしました。華やかさが増した仕上がりになります。ポスカの色も変えると、また違った印象に。

[実物大図案]

memo

アクリル絵の具、マニキュアは便利

本書では、色付けにアクリル絵の具やマニキュアを使った作品もあります。紙だけでなく、金属やガラスなどにも着色することができ、速乾性があるので、短時間で乾きます。色数も豊富なので、好みの色をそろえておくとバリエーションがつくれます。塗って乾燥したら、ニスやUVレジンでコーティングしましょう。色味が長持ちします。

no.72 ビジューとパールのヘアピン

► P.133

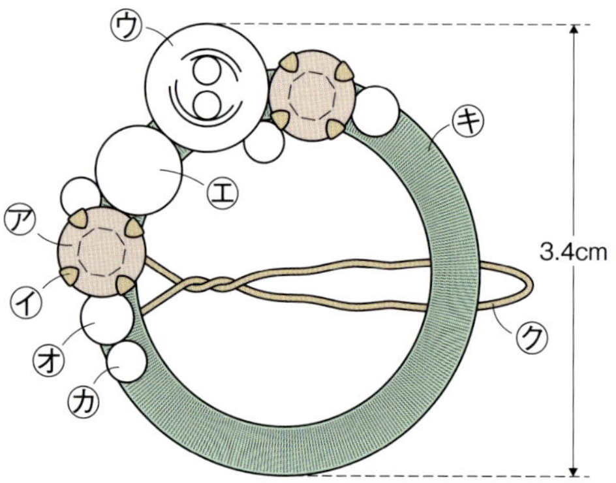

材料

- ㋐スワロフスキー #1088（約6mm/クリスタルルミナスグリーン） 2個
- ㋑石座（#1088用約6mm/ゴールド） 2個
- ㋒スワロフスキー #3122（10mm/クリスタル） 1個
- ㋓シルキーパール（6mm/ホワイト） 1個
- ㋔シルキーパール（4mm/ホワイト） 2個
- ㋕シルキーパール（3mm/ホワイト） 3個
- ㋖25番刺繍糸（ミントグリーン） 90cm
- ㋗ヘアピン金具（30mm/ゴールド） 1個

道具

- 平ヤットコ
- ボンド
- 接着剤
- つまようじ
- テグス（3号）

How to make

※つくり方では、わかりやすいようにテグスに色をつけています

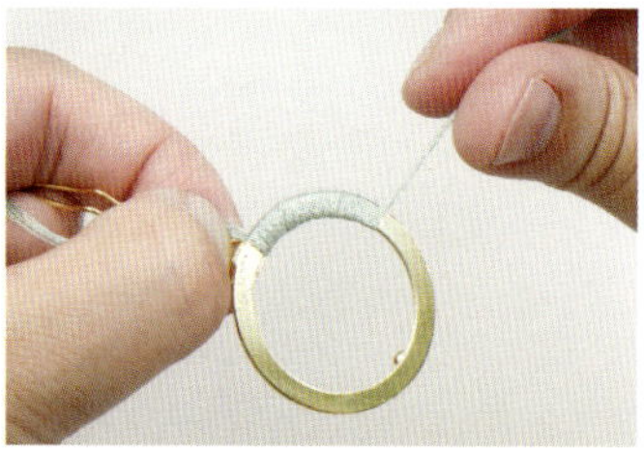

1 ヘアピン金具に刺繍糸を6本取りのまま巻き、裏で固結びしてボンドをつける。

2 巻き終えたところ。

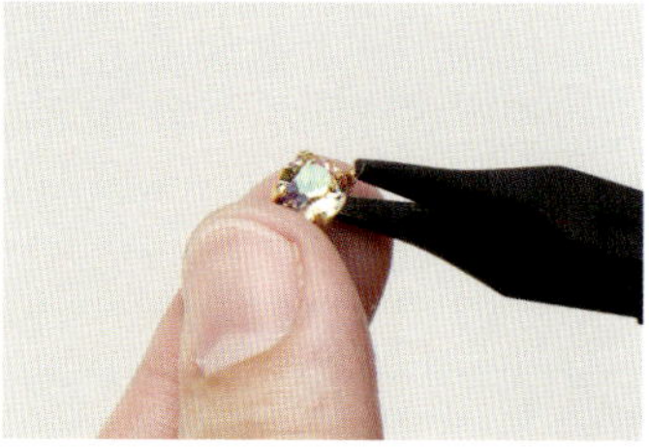

3 石座にそれぞれスワロフスキーをとめる。テグスを45cmに切る。

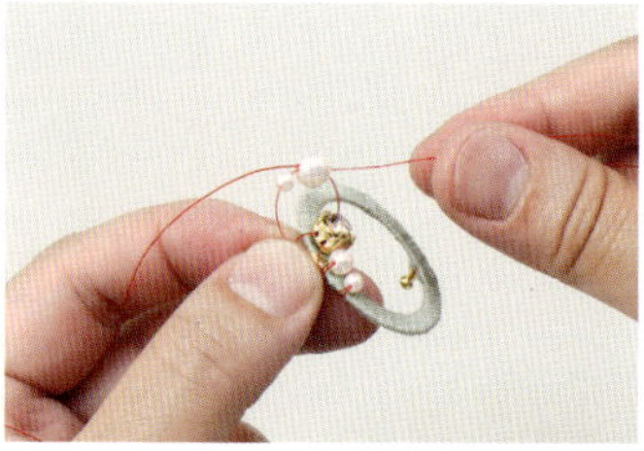

4 テグスで3、パールを順に縫いとめる。

5 最後は裏で固結びし、接着剤をつける。

6 すべて縫いとめて表からみたところ。

no.73 シンプルバレッタ ► P.133

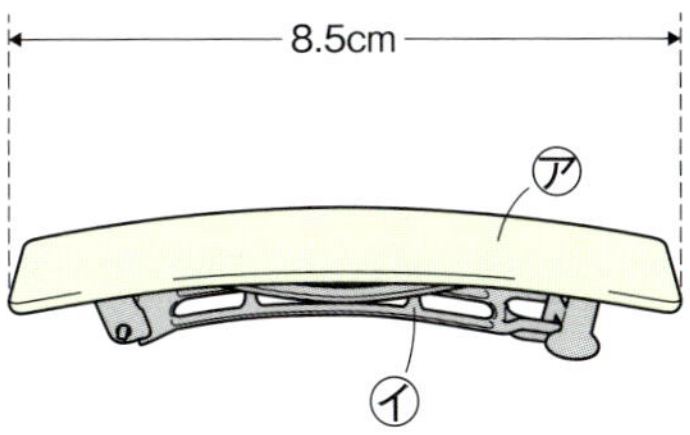

|材 料|

・㋐プラバン（厚さ0.4mm）　3×20cm
・㋑バレッタ金具（80mm/シルバー）1個

|道 具|

・アクリル絵の具
（パールイエロー）
・ニス
・接着剤
・紙やすり（600番）
・筆
・布手袋
・トースター

How to make

プラバンの基本のテクニックはP.20参照

1 プラバンの片面にやすりをかけ、角を1～2mmカットする。オーブントースターで、やすりがけした面を下にして焼く。プラバンの動きがとまったら、取り出してプレスする。

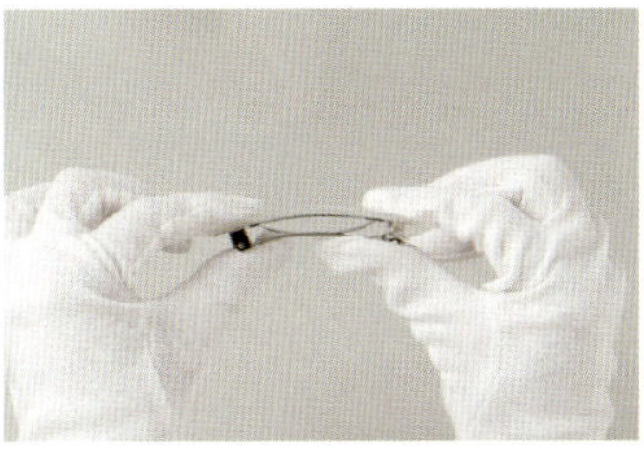

2 熱いうちにやすりがけした面を上にしてバレッタ金具に沿わせ、カーブさせる（きれいにカーブがつかなかった場合は、またトースターで温めてやわらかくし、角度を合わせる）。

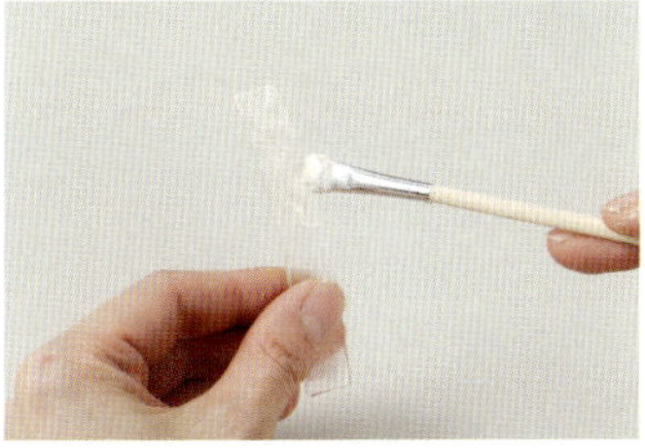

3 プラバンパーツに、アクリル絵の具を筆でぽってりと厚みが出るように塗り、乾燥させる。

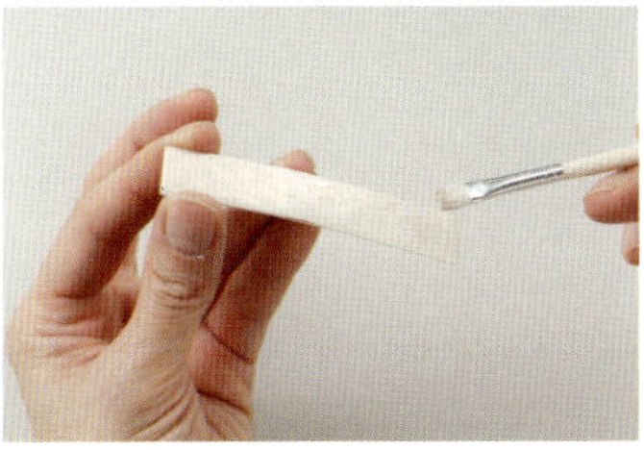

4 乾いたらニスを塗り、乾燥させる。
※乾燥の目安は1時間程度。

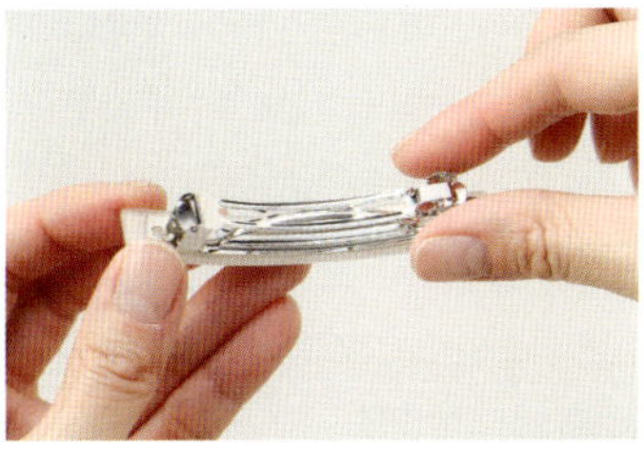

5 バレッタ金具に接着剤を塗り、プラバンパーツの裏側につける。※乾燥の目安は1時間程度。

Arrange

アクリル絵の具を、全体に塗らずに、2色で点を重ねました。プラバンの透明さを生かしたさわやかな仕上がりに。

no.74 さざれ石のヘアピン ► P.133

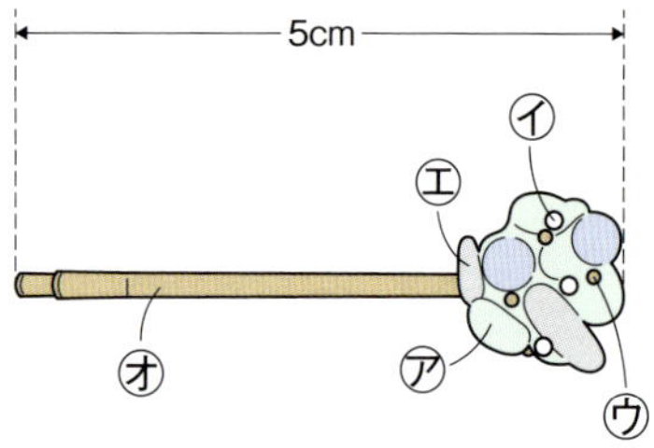

|材 料|

- ㋐天然石（さざれ石 アソート） 適量
- ㋑樹脂パール
  （無穴/1mm/ホワイト） 3個
- ㋒ブリオン（1mm/ゴールド） 5個
- ㋓チェコガラス（4×6mm/クリア） 3個
- ㋔ヘアピン金具
  （丸皿付 10mm/ゴールド） 1個

|道 具|

- UVレジン
- UVライト
- つまようじ

How to make

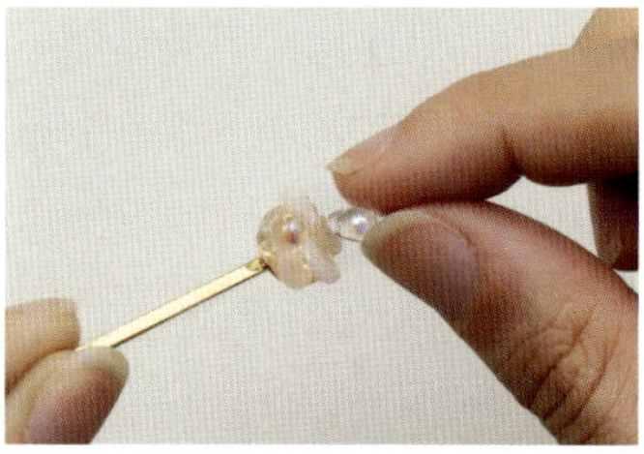

1 ヘアピン金具の丸皿の上に、つまようじで薄くレジンを塗る。さざれ石を少しのせて、UVライトで2分硬化させる。チェコガラスを少しのせて硬化させる。これを2~3回くり返す。

2 パール、ブリオンをさざれ石のすき間に散らす。レジンを上からのせて、UVライトで5分硬化させる。

Arrange

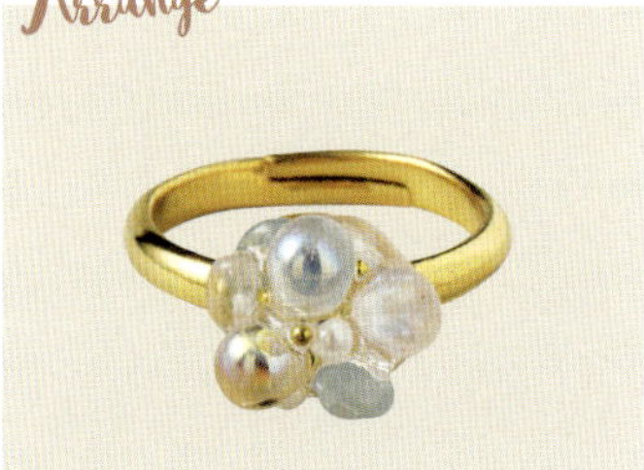

同じつくり方でリングにしました。丸皿付のリング台に、レジンとさざれ石でつくります。さざれ石はお好みのものを選んでください。

PART 7

BROOCH & CHARM

ブローチ・チャーム

no. 75

お花とパールの ミニブローチ

お好みのお花を描きます。大人かわいいデザインです。

How to make ► P.148

Design nul

no.76
きらめくビジューのタッセルブローチ

ビジューが輝き、タッセルが上品さを演出します。

How to make ► P.150
Design Ambivalence

no.77
ビジューとチャームのブローチ

雪の結晶のチャームが、クリスマスにぴったりな雰囲気です。

How to make ► P.151
Design Ambivalence

no.78
三日月ブローチ

三日月の形で、ビジューと天然石がきらりと光ります。

レジン How to make ► P.152
Design chouchou-fil

no.79
リボンをつけたパールのブローチ

パールとリボンモチーフのシンプルで華やかなブローチ。

How to make ► P.149
Design chouchou-fil

no.80
天然石の揺れるストールピン

ストールなどをとめるのに便利な
天然石のチャーム。

How to make ► P.153

Design Ambivalence

no.81

花と三角のブローチ

アジサイが可憐で、印象的なデザインに。

(レジン) How to make ► P.154
Design aco

no.82

レモンブローチ

まるで本物のレモンのような仕上がりのブローチです。

(プラバン) How to make ► P.156
Design シモオオゾノミホ

no.83

小花の リースブローチ

小花を立体的に重ねた、プラバンのリースブローチです。

(プラバン) How to make ► P.157
Design シモオオゾノミホ

no.75 お花とパールのミニブローチ ► P.144

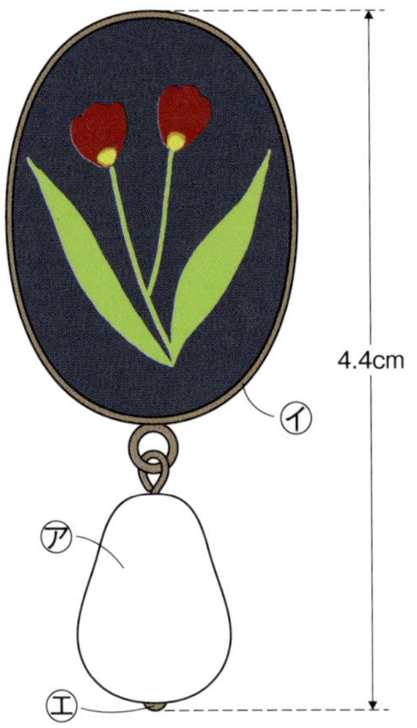

|材 料|

・㋐コットンパール
（ツユ 10×14mm/ホワイト） 1個
・㋑ミール皿
（カン付 25×18mm/金古美） 1個
・㋒ブローチ金具（15mm/金古美） 1個
・㋓Tピン（0.6×20mm/金古美） 1本

|道 具|

・マニキュア（ネイビー）
・アクリル絵の具
（赤、黄色、黄緑、白）
・細めの筆
・丸ヤットコ
・平ヤットコ
・ニッパー
・UVレジン
・UVライト
・厚紙
・マスキングテープ
・つまようじ
・接着剤

How to make

1 ミール皿にマニキュアで色をつける（ムラにならないよう全体に塗る）。

2 乾いたら、アクリル絵の具で花を描く。絵の具を3分ほど乾かす。

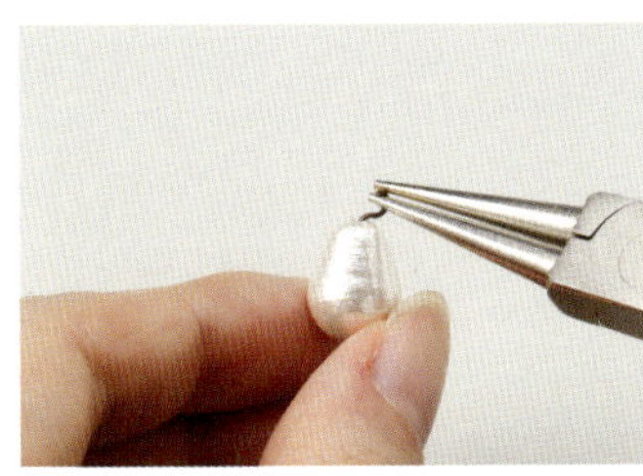

3 コットンパールにTピンを通し、カットして先を丸める。

4 厚紙にマスキングテープを接着面が上になるように貼り、ミール皿をのせる。

5 レジンをミール皿に薄く入れ、つまようじでのばす。気泡がある場合は取り除く。

6 UVライトで5分硬化させ、もう一度レジンを厚めに入れる。5と同様に気泡を取り除き、UVライトで5分硬化させる。

7　3の丸めたTピンの先を開き、6のカンにつなぐ。

8　ミール皿の裏面に接着剤でブローチ金具をつける。

［拡大図案］

no.79 リボンをつけたパールのブローチ ► P.145

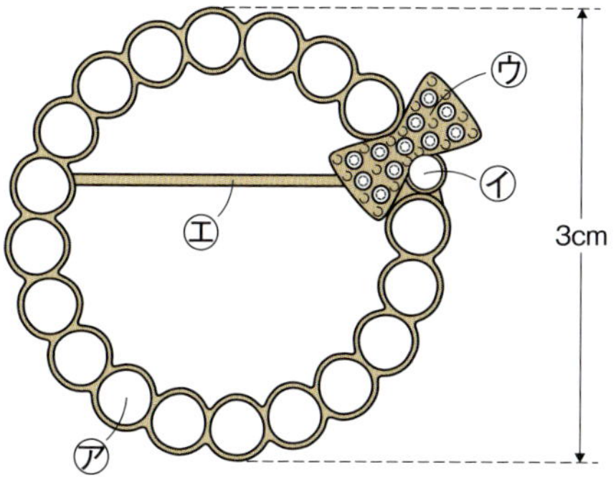

|材 料|

・㋐無穴パール（4mm/ホワイト）　19個
・㋑無穴パール（2mm/ホワイト）　1個
・㋒チャーム石付リボン（カン付 6×10mm/クリスタル ゴールド）　1個
・㋓ブローチ金具（No.1 サークル/ゴールド）　1個

|道 具|

・UVレジン
・UVライト

How to make

1　ブローチ金具に4mmのパールをレジンで接着し、UVライトで2分硬化させる。

2　ブローチ金具の部分に、リボンパーツをレジンで固定し、UVライトで2分硬化させる。リボンパーツのカンの部分に2mmのパールをレジンで固定し、UVライトで2分硬化させる。

ここで使用したのは枠が環状に並んだブローチ金具。決められたサイズのものであれば、パールやビーズ、ビジューなどをはめ込んで簡単につくることができます。

no.76 きらめくビジューのタッセルブローチ ► P.145

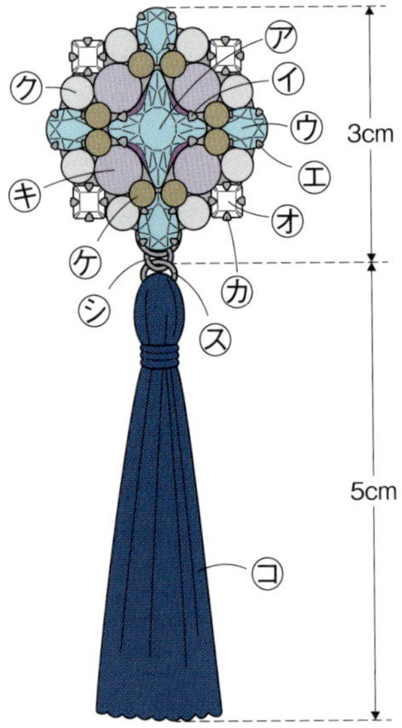

材料

- ㋐スワロフスキー #4927（14×12mm/アクアメタリックブルー） 1個
- ㋑石座（#4927用14×12mm/シルバー） 1個
- ㋒スワロフスキー #4320（8×6mm/デニムブルー） 4個
- ㋓石座（#4320用8×6mm/シルバー） 4個
- ㋔スワロフスキー #4428（4mm/クリスタル） 4個
- ㋕石座（#4428用4mm/シルバー） 4個
- ㋖シルキーパール（6mm/ライトグレー） 4個
- ㋗シルキーパール（4mm/ライトグレー） 8個
- ㋘樹脂パール（3mm/ブライトゴールド） 8個
- ㋙シルク糸（30番/濃い青、濃い紫） 各適量
- ㋚ブローチ金具（シャワー台付25mm/シルバー） 1個
- ㋛丸カン（0.7×3.5mm/シルバー） 1個
- ㋜丸カン（0.8×6mm/シルバー） 1個
- ㋝9ピン（0.7×20mm/シルバー） 1個

道具

- 丸ヤットコ
- 平ヤットコ
- ニッパー
- 接着剤
- テグス（3号）

How to make

※つくり方では、わかりやすいようにテグスに色をつけています

1 石座にそれぞれスワロフスキーをとめる。テグスを100cmに切る。

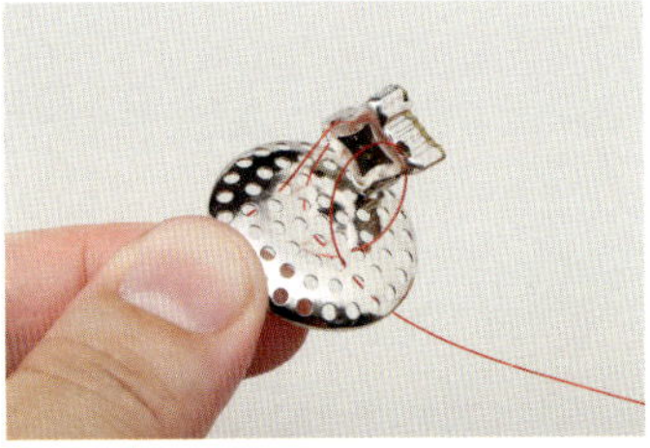

2 シャワー台にスワロフスキーとパールを順に縫いつける。途中で何度か裏で玉結びをしながら、縫いつける。

3 大きいものから順に、上下左右対称に縫いつける。

4 すべて縫いつけ、裏で2回ほど玉結びして接着剤をつける。

5 すべて縫いつけたところ。

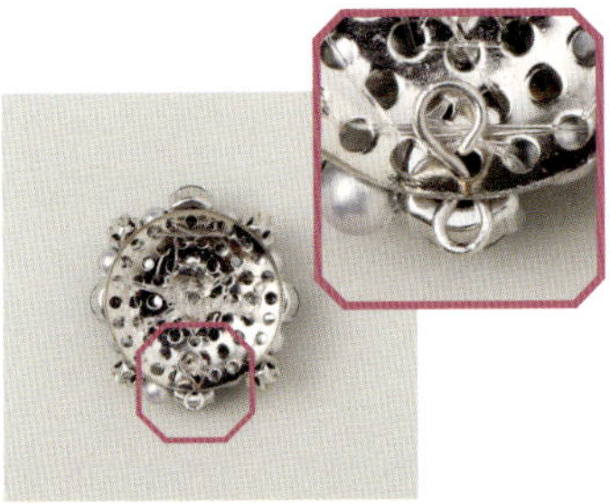

6 下の端に9ピンを通して余分なピンをカットし、裏で先を丸めて抜けないようにする。

7 シャワー台にブローチ金具をとりつける。

8 6の9ピンに、㋛の丸カンでタッセル（P.65手順8～12参照）の丸カン㋜をつなぐ。

no.77 ビジューとチャームのブローチ ► P.145

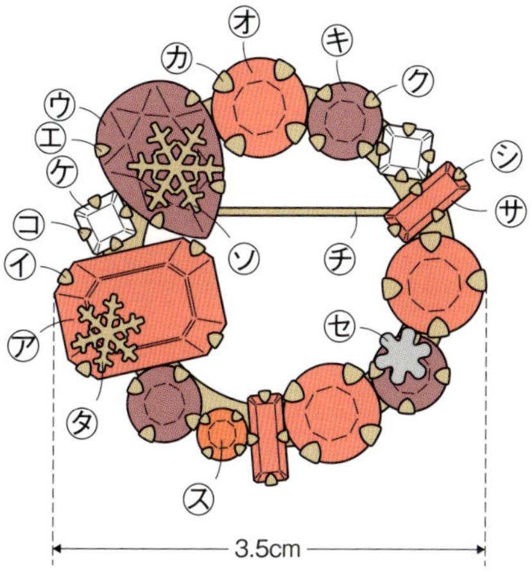

|材 料|

・㋐スワロフスキー #4610（14 ×10mm/シャム） 1個
・㋑石座（#4610用14 ×10mm/ゴールド） 1個
・㋒スワロフスキー #4320（14 ×10mm/クリスタルダークレッド） 1個
・㋓石座（#4320用14 ×10mm/ゴールド） 1個
・㋔スワロフスキー #1088（約8mm/シャム） 3個
・㋕石座（#1088用約8mm/ゴールド） 3個
・㋖スワロフスキー #1088（約6mm/クリスタルダークレッド） 3個
・㋗石座（#1088用約6mm/ゴールド） 3個
・㋘スワロフスキー #4428（4mm/クリスタル） 2個
・㋙石座（#4428用4mm/ゴールド） 2個
・㋚スワロフスキー #4501（7×3mm /シャム） 2個
・㋛石座（#4501用7×3mm /ゴールド） 2個
・㋜スワロフスキー #53200（約4mm/ライトシャム） 1個
・㋝スワロフスキー #2826（5mm/クリスタル） 1個
・㋞チャームスノー（No.3 /ゴールド） 1個
・㋟チャームスノー（No.4/ゴールド） 1個
・㋠ブローチ金具（リング 30.5mm/ゴールド） 1個

|道 具|

・平ヤットコ
・ニッパー
・接着剤

How to make

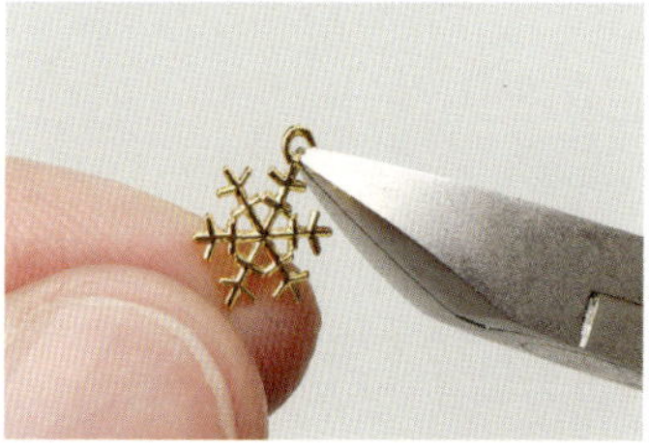

1 チャームのカンをカットする。

2 石座にそれぞれスワロフスキーをとめる。ブローチ台にそれぞれ接着剤でつける。

3 1をスワロフスキーの上に接着する。

no.78 三日月ブローチ ► P145

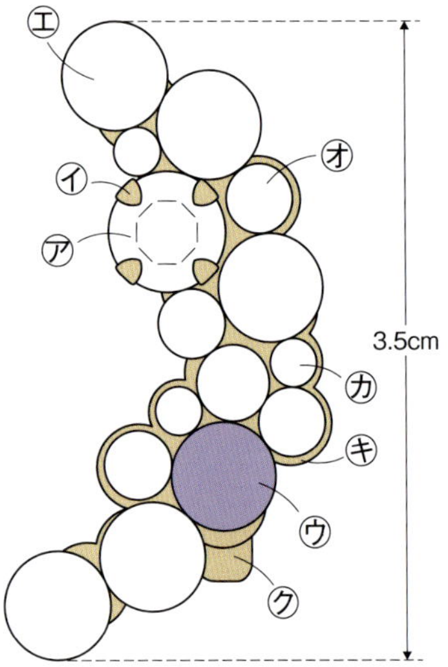

|材 料|

- ㋐スワロフスキー #1088（6mm/クリスタル） 1個
- ㋑石座（#1088用 6mm/ゴールド） 1個
- ㋒天然石（6mm/アメジスト） 1個
- ㋓パール（6mm/ホワイト） 5個
- ㋔パール（4mm/ホワイト） 5個
- ㋕パール（3mm/ホワイト） 3個
- ㋖スカシパーツ（月 約30mm/ゴールド） 1個
- ㋗ブローチ金具（25mm/ゴールド） 1個

|道 具|

- UVレジン
- UVライト
- クリアファイル
- 平ヤットコ
- 接着剤

How to make

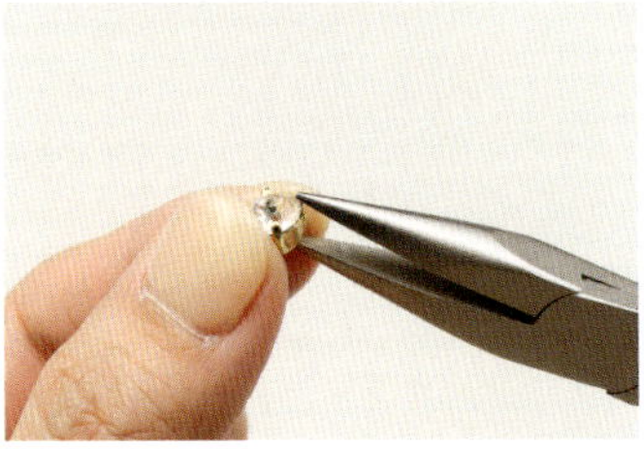

1 石座にスワロフスキーをとめる。

2 クリアファイルにのせたスカシパーツにアメジストをレジンで固定し、UVライトで2分硬化させる。

3 パールは、バランスをみながらレジンで固定し、UVライトで2分硬化させる。

4 裏面にブローチ金具を接着剤でつける。

point

クリアファイルなどの上にパーツをおいて作業すると、レジンがくっついてもはがれやすい。

Arrange

ブローチ金具を、イヤーカフ金具にしました。左耳用にするか、右耳用にするかを決めてからつくりましょう。

no.80 天然石の揺れるストールピン ► P.146

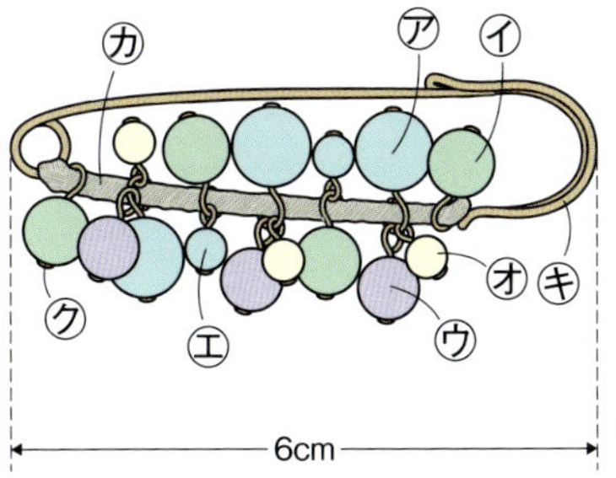

材 料	
・㋐天然石 （着色カルセドニー 8mm/ライトブルー）	3個
・㋑天然石 （着色カルセドニー 6mm/ライトグリーン）	4個
・㋒天然石 （着色カルセドニー 6mm/ラベンダー）	3個
・㋓天然石 （着色カルセドニー 4mm/ライトブルー）	2個
・㋔天然石 （着色カルセドニー 4mm/イエロー）	3個
・㋕25番刺繍糸（薄黄色）	50cm
・㋖カブトピン（60 mm/ゴールド）	1個
・㋗Tピン（0.6 /×20mm/ゴールド）	15本

道 具

・丸ヤットコ
・ニッパー
・木工用ボンド

How to make

1 カブトピンに刺繍糸を6本取りのまま巻き、端を玉結びして少しボンドをつけてとめる。

2 石にそれぞれTピンを通し、余分なピンをカットし、先を丸める。

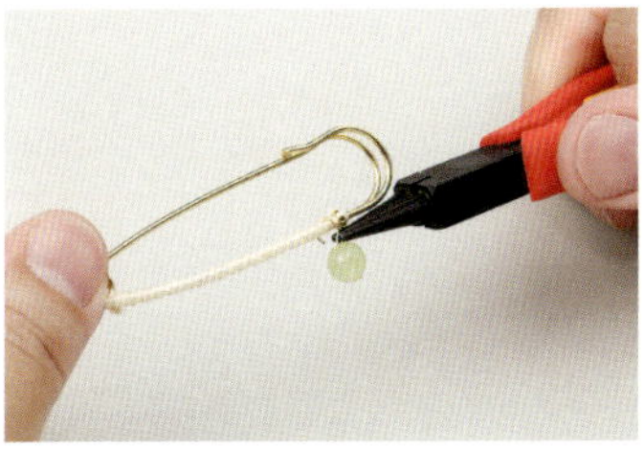

3 2の丸めたTピンを開き、バランスよく1につける。

Arrange

カルセドニーをコットンパールと樹脂パールに替えました。ワイン色、ブラウン色を使い大人っぽい雰囲気に。パーティーシーンでも使うことができます。

no.81 花と三角のブローチ ► P.147

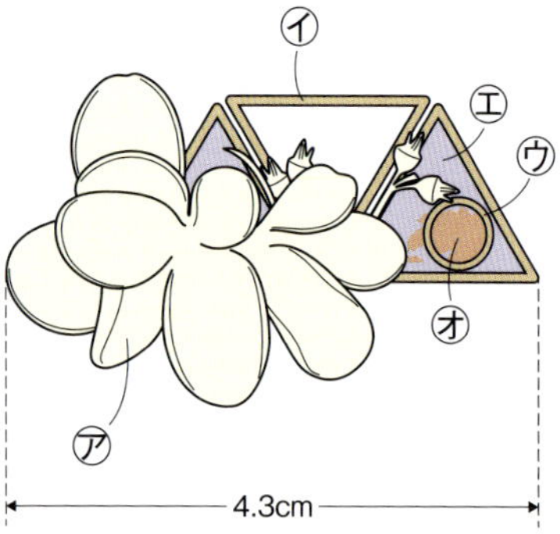

材料

- ㋐プリザーブドフラワー（アジサイ 花弁・茎・つぼみ含む）適量
- ㋑メタルフープ（三角 15×16mm/ゴールド） 3個
- ㋒メタルフープ（丸 5mm/ゴールド） 3個
- ㋓ドライフラワー（好みで） 適量
- ㋔ホイルシート（ネイル用/オレンジ） 適量
- ㋕ブローチ金具（25mm/ゴールド）

道具

- レジン用着色剤（白）
- UVレジン
- UVライト
- クリアファイル
- つまようじ
- マスキングテープ
- 接着剤

How to make

1 レジンを適量クリアファイルにたらし、着色剤を入れて混ぜる。

2 クリアファイルにのせた㋑の1個のフープに薄くレジンを入れ、UVライトで1~2分硬化させる。接着剤を塗り、ホイルシートを貼り、少したったらはがす。

3 レジンを入れ、㋒のフープを入れ、UVライトで1~2分硬化させる。もう一度レジンを入れ、1～2分硬化させる。

4 1の着色したレジンで、2と同様に㋑の2個目のフープにドライフラワーを入れて、UVライトで1~2分硬化させる。縁についたレジンのバリをはがす。

5 3と4のレジンパーツの縁にレジンをつまようじでつけ、薄くレジンを入れて硬化させた残りの㋑のフープも接着し、UVライトで1~2分硬化させる。

6 作業しやすいように5をクリアファイルなどにテープで固定する。レジンを少しずつつけながら、プリザーブドフラワーを左端にUVライトで接着する。バランスを見て、ドライフラワーをさらに足す。

7 レジンパーツ全体を覆うようにレジンをたらし、つまようじでプリザーブドフラワーの表面など細かな部分まで塗る。UVライトで1~2分硬化させる。

8 7を2~3回くり返す。裏面にブローチ金具を接着剤でつける。

[実物大型紙]

no.82

no.83

no.82 レモンブローチ ▶P.147 型紙▶P.155

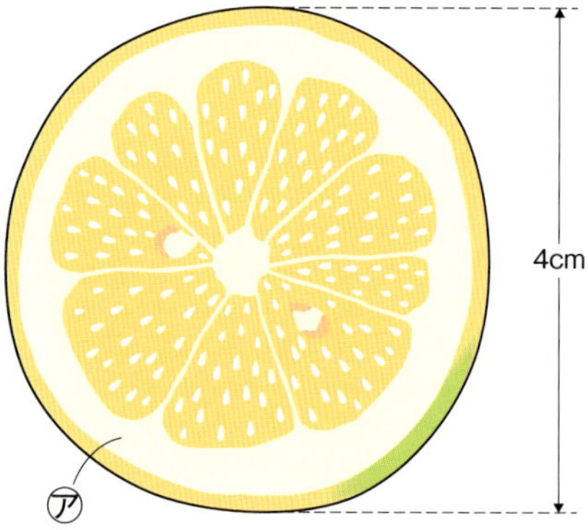

|材 料|

・㋐プラバン
（厚さ0.4mm） 10.5×10.5cm
・㋑ブローチ金具（25mm/シルバー）1個

|道 具|

・プロッキー（黄色、蛍光イエロー）
・ポスカ（極細/黄色、赤、黄緑、白）
・紙やすり（600番）
・クリアファイルまたは余ったプラバン
・マスキングテープ
・UVレジン
・UVライト
・ニス
・つまようじ
・接着剤
・トースター
・布手袋

How to make

プラバンの基本のテクニックはP.20参照

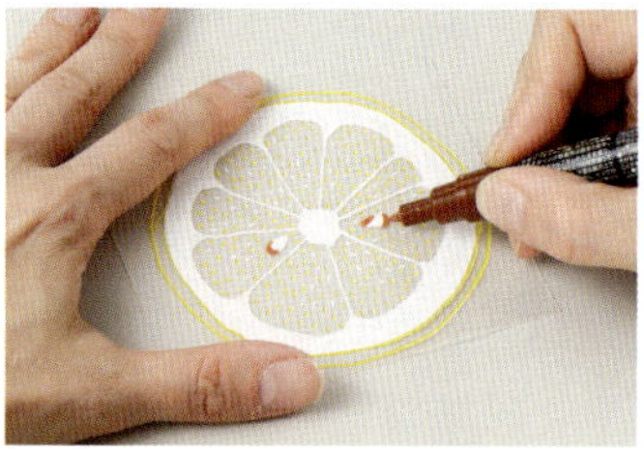

1 やすりがけしたプラバンにポスカ（黄色）で図案の線を描き写す。ワタと薄皮→ポスカ（白）、果肉のつぶつぶ2/3→ポスカ（黄）、残り1/3→ポスカ（白）、種→ポスカ（白と茶）で描く。

2 皮の部分は、縁の一部分にポスカ（黄緑）を塗り、その上にポスカ（黄色）を塗り重ねる。

3 裏面にポスカ（黄、白）のインクを押し出し、指で混ぜながら伸ばす。外側の線を残さないようにカットする。

4 オーブントースターで図案の面を下にして焼き、プラバンが縮んで動きがとまったら、取り出してプレスする。

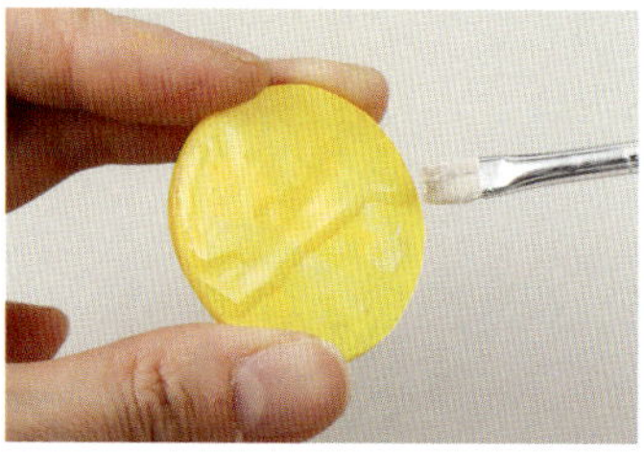

5 裏面にニスを塗り、5分乾かす。表面につまようじでレジンを塗り、クリアファイルなどにのせてUVライトで2分硬化させる。

6 さらにレジンを厚めに塗り重ね、表面が乾いてきたらつまようじでひっかくように筋をつける。種にレジンをのせ、UVライトで2分硬化させる。裏面に接着剤でブローチピンをつける。

no.83 小花のリースブローチ ► P.147 型紙 ► P.155

材料

- ㋐白プラバン
  （厚さ0.2mm） 15×10.5cm
- ㋑ブローチ金具（25mm/シルバー）1個

道具

- プロッキー
  （グレー）
- ポスカ（黄色）
- UVレジン
- UVライト
- クリアファイルまたは
  余ったプラバン
- マスキングテープ
- つまようじ
- 接着剤
- トースター
- 布手袋

How to make

プラバンの基本のテクニックはP.20参照

1 白プラバンにプロッキーの細いほうでそれぞれ図案を描き写す。花の真ん中の部分は、ポスカを塗る。

2 外側の線を残さないようにカットする。真ん中はカッターで切り込みを入れ、はさみでくりぬく。

3 図案を描いた面を上にして、パーツを1つずつトースターで焼く。動きがとまったら取り出す。リース本体は平らになるようにプレスする。小花は、指先を使ってカーブさせる。

4 バランスをみてリース本体に、小花3つを接着剤でつける。

5 作業しやすいように4をクリアファイルなどにテープで貼る。全体にレジンを塗り、立体感を出すために、花びら1枚ずつにレジンを塗り、UVライトで2分硬化させる。すべての花にくり返す。

6 花の真ん中の黄色い部分にもレジンを塗り、UVライトで2分硬化させる。裏面にブローチピンを接着剤でつける。

デザイナー紹介

本書に掲載した作品の
作家のプロフィールです。

◆ aco ◆

シンプルの中に遊び心をぎゅっと詰め込めこんだふつうのようでふつうじゃないアクセサリーを制作しています。

Instagram https://www.instagram.com/aco_a15
掲載作品 no.12、no.14、no.18、no.21、no.23、no.27、no.28、no.29、no.30、no.41、no.54、no.55、no.56、no.71、no.74、no.81

◆ Ambivalence ◆

ヴィンテージガラスやスワロフスキーを使ってオリジナルアクセサリーを制作しています。日常に柔らかな光と彩りをそえられるような作品を心がけています。

Instagram https://www.instagram.com/ambivalence_accessory/
HP http://blog.goo.ne.jp/ambivalence-accessory
掲載作品 no.01、no.03、no.06、no.08、no.09、no.25、no.34、no.38、no.39、no.46、no.47、no.57、no.58、no.63、no.72、no.76、no.77、no.80

◆ chouchou-fil ◆

デイリーにもフォーマルにも軽くて着けやすいアクセサリーを制作しています。既製品にはない温かみある作品を丁寧に心をこめてつくります。

Instagram https://www.instagram.com/chouchoufilaccessory/
HP http://chouchoufil.theshop.jp/
掲載作品 no.04、no.07、no.11、no.15、no.16、no.20、no.33、no.35、no.36、no.37、no.40、no.42、no.45、no.48、no.60、no.61、no.62、no.67、no.78、no.79

◆ nul ◆

手描きのイラストを樹脂で閉じ込めた作品や、シンプルで使いやすいインポートパーツを使ったアクセサリーなどを制作。身につけると、なんだかほっとしたり、心が軽くなる作品づくりを目指しています。

HP http://nulaccessories.com
掲載作品 no.02、no.05、no.10、no.13、no.17、no.19、no.26、no.31、no.32、no.43、no.44、no.59、no.68、no.69、no.75

◆ 伊藤りかこ ◆

手芸出版社、メーカー勤務を経て、現在はフリーの手芸編集者。レシピ制作の仕事をしつつ、編み物、結び、アクセサリーなどの作品制作を行っています。

掲載作品 no.49、no.50、no.51、no.52、no.53、no.64、no.65、no.66

◆ シモオオゾノミホ ◆

プラバンコモノ制作、販売、ワークショップを手掛けています。ヴォーグ学園札幌校にてプラバン講座開講。楽しんでもらえる作品づくりを心がけています。

Instagram http://www.instagram.com/mihoshimoozono/
HP http://mimie.info/
掲載作品 no.22、no.24、no.70、no.73、no.82、no.83

shop list

アクセサリーづくりに欠かせない、金具、パーツを販売しているお店をご紹介。それぞれのお店オリジナルものなどもあります。

◆ 貴和製作所 ◆

パーツや金具などの品揃えが豊富。オリジナルの作品レシピなども紹介しています。
ネット販売もしています。

貴和製作所　浅草橋本店
東京都台東区浅草橋2-1-10 貴和製作所本店ビル1F-4F
03-3863-5111
http://www.kiwaseisakujo.jp/shop/

◆ パーツクラブ ◆

パーツなどの品揃えが豊富で、商品数も多く、作品レシピも公開しています。
ネット販売もしています。

パーツクラブ　浅草橋駅前店
東京都台東区浅草橋1-9-12
03-3863-3482　0120-46-8290（9:30～17:00 土日祝日除く）※お客様お問い合わせ先
http://www.partsclub.jp/

◆ メルヘンアート ◆

マクラメに適したコードやビーズを豊富に取り揃えています。
店頭ではワークショップも開催しています。

〒130-0015　東京都墨田区横網2-10-9
03-3623-3760（平日9:00～17:00）
http://www.marchen-art.co.jp/

◆ ユザワヤ ◆

手づくりホビー材料の大型専門店。豊富な生地、毛糸などを取り揃えています。
ネット販売もしています。ワークショップ開催、オリジナルのアクセサリーレシピ紹介も行っています。

ユザワヤ蒲田店
〒144-8660　東京都大田区西蒲田8-23-5
03-3734-4141
http://www.yuzawaya.co.jp/

つくる楽(たの)しみ、装(よそお)うよろこび

はじめての ハンドメイドアクセサリー

2017年11月20日　第1刷発行

編　　者	日本文芸社
発 行 者	中村　誠
印 刷 所	図書印刷株式会社
製 本 所	図書印刷株式会社
発 行 所	株式会社 日本文芸社
	〒101-8407　東京都千代田区神田神保町 1-7
	TEL 03-3294-8931（営業）03-3294-8920（編集）

Printed in Japan　112171101-112171101Ⓝ01
ISBN978-4-537-21509-0
URL http://www.nihonbungeisha.co.jp/

編集担当　吉村

staff

撮影	天野憲仁（日本文芸社）
スタイリング	植松久美子
ヘアメイク	菊地身季慧
モデル	森田麻恵
デザイン	oto
図版作成	ウエイド
編集協力	オメガ社

材料提供　メルヘンアート

撮影協力

AWABEES
〒151-0051　渋谷区千駄ヶ谷3-50-11
明星ビルディング5F
03-5786-1600

UTUWA
〒151-0051　渋谷区千駄ヶ谷3-50-11
明星ビルディング1F
03-6447-0070

EASE
〒141-0031　品川区西五反田3-1-2PARISマンション
03-5759-8267

maison de soil（P.34 P.114/プルオーバー）
〒150-0022　渋谷区恵比寿南2-8-3
プラザ恵比寿南101
03-5773-5536

ファラオ/コロニー
（P.70 Tシャツ、シャツ/P.72デニム/P.93ブラウス）
〒151-0066　渋谷区西原3-14-11
03-6414-8635

WAFFLISH　WAFFLE
（P.28トップス/P.30 P.72ブラウス/P.38プルオーバー/
P.68レーストップス/P.90ブラウス/
P.94プルオーバー、スカート/P.112ブラウス）
〒150-0001　渋谷区神宮前5-18-10
03-3409-6070